罗依尔　著

敦煌遇见卢浮宫

何 | 以 | 为 | 美

上海交通大学出版社
SHANGHAI JIAO TONG UNIVERSITY PRESS

遇

前言

　　如今，人人都见过大世面，视觉欲望被养得越来越大。App 的算法和机制可以刺激我们半永恒地刷着短视频，以上帝视角"拿捏住"古今中外的一切：10 分钟看完《指环王》三部曲，5 分钟参透"历史黑幕"，3 分钟理清艺术史。在博物馆与文化遗产中，一块简单的文字展标早就无法满足观众，人们想看到柜中文物的使用场景，发掘地的航拍视频，显微镜下的材质样貌。在深度观看与了解中国文化艺术的过程中，求知欲一定会把我们引向一个问题：那时西方文明在干什么，这件作品放到那边大概是什么水平？把西方艺术作为一种对比的参照物，不但会发生有趣的"化学反应"，我们甚至可以通过对比东西方的异同之处而更加理解中国艺术与文化的特点。

　　本书尝试在敦煌与卢浮宫的相遇中呈现一种不同的敦煌艺术之美：从观众体验的角度对比巴黎市中心的皇家宫殿与西北大漠中的幽暗石窟带给人的震撼；在 45 窟胁侍菩萨与断臂维纳斯的美之巅峰

对决里探索中西方审美与价值观的异同；在达·芬奇的一场穿越敦煌之旅中寻找莫高窟里的天才画匠与他的自画像；在 220 窟经变画和拉斐尔壁画的互鉴中，发现当时艺术赞助人的品位与追求；在米开朗基罗晚年的纠结与 254 窟"舍身饲虎"的对峙中观察人生的痛苦与解脱。

话不多说，让我们开始这场"脑洞清奇"的艺术之旅吧。

目
录

第一章

从浮华盛世走入荒凉大漠：

卢浮宫与莫高窟

说到卢浮宫与敦煌的莫高窟，大家分别会想到什么呢？

同为世界文化遗产，都是艺术圣地；

一个在大漠之中，一个在都市中心。

1991 年列为世界文化遗产　1987 年列为世界文化遗产

800 年扩建　兴建千年　历经 10 个朝代

40 万 + 藏品　洞窟 735 个　壁画 4.5 平方米

彩塑 2415 尊　藏经洞文物 5 万余件

▲卢浮宫与莫高窟外观与基本数据

蒙娜丽莎（局部），
传说盯着她看久了
会有点瘆人

但有一个决定性的不同：在闭眼思考卢浮宫这个概念时，用不了多久，就会有一个似笑非笑的朦胧女士浮现于脑海，就算没有读过乔孔德夫人的相关书籍，就算我们并不愿意看到她，她的样子几乎已半强制性地植入每个人的心里。

就是她！蒙娜丽莎。

蒙娜丽莎意大利语为"我的丽莎"，这其中的"我"即是意大利商人乔孔德，他委托达·芬奇为自己的夫人丽莎画一幅肖像，却并不会想到这幅画并没有在自己的床头待过一天，而是在法国皇帝拿破仑的卧室里挂了数年，最终被收藏在了原为法国王宫的卢浮宫内。

而关于敦煌的视觉记忆，总是沙漠戈壁和幽暗洞窟，谁都知道大美敦煌，但脑中要蹦出些具体艺术作品就困难许多了。对了，有九色鹿和飞天啊，那试着为他们说上几句？又不知如何开口……

敦煌不缺杰作，但知名度不够，少一些世界级 ICON。

这也是本书关注的焦点，让我们一起在敦煌与卢浮宫的对比中详细解读几件敦煌的杰作，从此说到敦煌能纵观东西，谈笑风生。

1 卢浮宫有股路易十四的味道

用最实用主义的眼光来看莫高窟和卢浮宫，可能都是一张门票的形状。

如今，无论到博物馆、美术馆或是什么景点，我们最关心的是自己参观时的体验。卢浮宫每年的参观人数从 20 世纪 90 年代的 500 多万涨到近几年的一千多万，蝉联"最受欢迎博物馆"的宝座。而随着近几年的热潮，莫高窟的游客人数几乎达到了洞窟能承受的峰值。

卢浮宫参观人数	莫高窟参观人数
2016 年　730 万	2016 年　135 万
2017 年　810 万	2017 年　171 万
2018 年　1020 万	2018 年　195 万
2019 年　960 万	2019 年　216 万
2020 年　270 万	2020 年　133 万

▲ 莫高窟参观人数增长幅度大，这与敦煌在各地的巡展与大量相关电视节目有关。

▲ 阿波罗画廊

　　漫步在卢浮宫内，天光洒进巨大的石头建筑。讲真的，任何东西展示在这样的圣殿都会让人肃然起敬。踱步于似乎过于金碧辉煌的阿波罗画廊（Galerie d'Apollon），我们很容易联想到头顶假发的路易十四。画廊建造的时候（1665—1670 年），路易十四刚刚决定了把太阳视为自己的象征物。作为国王的第一个皇家画廊，阿波罗画廊可以被视作日后凡尔赛宫的先行版。要解释天顶上那些阿波罗相关的神话故事可能要花很久，但千言万语可以汇成 4 个字：君权神授。踏

两者都有
高高在上
的感觉

▲ 路易十四画像

入宫殿的朝圣者必须被君主的权威所震慑，最直接的方法就是用宏大的建筑与华丽的雕塑来吓人，这可能也是所有皇宫建筑的逻辑。

"哇，不愧是太阳王，阿波罗画廊里亮得好像每时每刻都在被艳阳灼烧。"

"哇，不愧是太阳王，假发、白丝、高跟鞋，把自己打扮成一栋巴比伦式的宫殿（亦略像贵宾犬）。"

　　这也是为什么我们在欧洲旅游时连看三天皇宫后，就恨不得盯着宋徽宗的汝瓷看一会儿，它能中和我们被巴洛克"摧残"的视觉。同理，在纽约那些当代美术馆的"白盒子（white box）"里待三天，也会让人变得太过阳春白雪、难交朋友。

　　如今，卢浮宫里早就不住国王了，艺术博物馆一直是最宽容、民主的机构，认真地对待各种文明的藏品、每一类少数人群。但我们依然可以随时体验到中世纪圣迹巡礼般的宗教狂热：在拿破仑三世的国务厅（Salle des États）中，这位法国末代皇帝的强国梦和他

▲ 凡尔赛镜宫　　　　　　　　　　　　▲ 北宋汝窑青瓷胆瓶

那金光闪闪的装饰早就成了历史的尘埃，只剩下"那位女皇"（蒙娜丽莎）正在接见芸芸众生。身处艺术的"圣像"前，每个人都成了当代的"十字军"，无论是被挤成"呐喊"模样的扭捏状，还是钱包被顺，这世上还有比为艺术受难更高雅的事情吗？我们在蒙娜丽莎真身前发生的一切都将成为人生中最精彩的酒后段子。身处真

《蒙娜丽莎》所在地国务厅以前有华丽的装饰，现在有糟糕的体验。

正的稀缺资源前，我们很难感觉到那"引领人们的自由"。

　　在艺术"圣像"面前，展厅内所有的画作都成了"蒙娜丽莎的弄臣""偶像团体的后排"，就连她正对面那幅委罗内塞的杰作《迦拿的婚礼》都难以幸免。画家不愧沿袭了文艺复兴时期全欧洲最商业、最风流的威尼斯的风格，10米长的画面上塞满了衣着华丽的各

▲《自由领导人民》，欧仁·德拉克罗瓦，1830 年

▲《迦拿的婚礼》，保罗·委罗内塞，1563 年

国人士，连中间的耶稣与其母亲都显得没那么突出。"神之子"就这样冷漠地看着画中的俗世，看着画外背对着他的我们。耶稣的正上方竟然有人拿着菜刀在切肉，对面有新救世主：蒙娜丽莎不但能经历被盗之难后复活，而且降临任何国家都能造就展览史上的奇迹，卢浮宫里这块500年前的木版（油画）成了神圣且无价的偶像。在《迦拿的婚礼》中，耶稣把水变成了酒，与此同时，达·芬奇500年前创作的同样以耶稣为题的《救世主》则卖了约30亿人民币。

　　卢浮宫的国务厅是当今博物馆现状的最佳隐喻：在宗教和皇权示弱的今天，艺术正慢慢成为新的信仰，填补人们心灵的空缺。昔日宏伟专权的皇宫成了每个人的世俗教堂，馆内来自世界各地的藏品越多、越集中，就越受大家欢迎。大都市中心的大博物馆门庭若市，

▲《迦拿的婚礼》前站满了排队看《蒙娜丽莎》的参观者

◀ 肯尼迪曾为《蒙娜丽莎》
到美国巡展致辞

4.5亿 美元

约 30 亿 元人民币

世界最贵

▲《救世主》达·芬奇 约 1500 年

而你若是走进小博物馆，则几乎可以享受"包场待遇"。

卢浮宫从兴建至今已历经 800 余年，虽然如今的它成了博物馆，但宫廷建筑的本质依然没变。

而在世界的另一头，位于中国甘肃省的莫高窟，大多数洞窟是与你我同样的民间人士所造，它与博物馆是完全不同的存在。

画中的耶稣在人群中面无表情地"看"着对面的《蒙娜丽莎》。

2 超越博物馆的莫高窟体验

　　莫高窟离敦煌市区有 25 千米的距离。对古代莫高窟周边寺院的僧人来说，离都市近，烟火气过重，而远了又不方便化缘，二十千米左右正好。敦煌有多远？从上海坐飞机过去，都要折腾差不多一天。这样的地理位置也使其参观体验与游览卢浮宫存在本质性不同。

　　试想一下，从巴黎的地铁站出来后，啃着价格和奶含量都很高的意大利冰淇淋（gelato），听着街头艺人悠扬的"免费"香颂，阳光和浪漫街景激活了我们身上每一个名为"小资"的幸福细胞，在排队进卢浮宫的那一刻，肉体和灵魂同时告诉我们：我正身处世界上最适合晒朋友圈的地方！

敦煌市区

莫高窟

俯拍莫高窟

孙志军摄影

五色令人目盲，五音令人耳聋。

另一边，与都市中人为的美丽"自然"不同，大漠戈壁的绝境让人本能地进入警觉状态，感知力也大幅度提升。偶尔光临敦煌的沙尘暴更是让人充分领教自然真正的面貌，找回敬畏之心。

进窟前，我们的视野已经被一望无际的土黄色清洁干净，暂时忘记了巨大的明星广告，告别了都市中微小的视野。在这里，不但无故人，还很可能无信号。远远望见莫高窟，没有拔地而起的巨大宫殿，洞窟群就造在鸣沙山的崖壁上，与自然融为一体，像蜂巢一般。再想想城市里，只要新造的建筑里能流个水、长个草，大家便感到惊为天人，奉为打卡之地。

在贝聿铭的"金字塔"竣工之前，当走进卢浮宫，迎接你的是

◀ 卢浮宫，皇宫、开放式、
敞亮

◀ 莫高窟，家族式、私密、
无灯光

▲ 130 窟有最大的飞天和菩萨，弥勒佛脸部和身体也保持了唐朝的风貌，窟顶龙纹藻井为后代重修。

达鲁楼梯（l'escalier Daru）上的胜利女神；走进莫高窟景区，迎接你的则是讲解员姐姐。我们跟着讲解员姐姐走上狭窄的楼梯与栈道，遇到别的团，就会听到耳机里传来讲解员知性的声音——让我们侧身礼让。正是这种小心翼翼的亲密感，让莫高窟与卢浮宫在参观体验上截然不同。

在莫高窟，大多数的洞窟都不大，只能容纳一个 20 多人的讲解团，小型窟的体量也让观览者得以尽享包场式的体验。洞窟作为建筑，给人一种私密、谦逊、家庭式的感觉。步入洞窟，便是步入黑暗，伸手不见五指的黑暗。洞窟内不允许拍照，这一规定让我们免于被干扰，一切杂念都被黑暗吞噬，于是所有的注意力都集中到了讲解员的手电筒所指之处，伴随导览耳机中传出的轻声细语。

这几乎是你能想到的最好的艺术观看方式了，和博物馆中开放式的参观体验有很大不同。打个不恰当的比方，类似沉浸式戏剧和庙会的差异。当然莫高窟中也有些高大的皇家窟，与路易十四的宫殿一样具有很强的威慑力，在这样的窟里，你抬头基本能看到龙纹藻井，龙的象征意义肯定不用多说。

大窟集中在莫高窟一层，有 96 窟，130 窟，61 窟等。其中被参观最多的，也可能是产生最多"哇喔"的，是武则天时期开凿的 96 窟。依山而造的弥勒坐像高 35.5 米，与远远就能看到的古罗马巨型遗迹不同，96 窟的大佛隐藏在九层楼内，进窟后没有太多心理准备，抬头就将迎来最大的心理和视觉冲击，连见多识广的当代游客都"哇喔"不止。

武则天自诩弥勒下世，全中国广造弥勒巨像，威伏天下。

路易十四扮成太阳王，全欧洲来凡尔赛觐见，朕即国家。

96 窟几乎是所有窟里最亮堂、也是参观团队最多的一个，和阿波罗画廊有种不谋而合的叙事逻辑。这些大型窟是敦煌艺术的重要组成部分，肯定得看，但可能还是那些小小的窟更有趣些吧。

身处大漠的莫高窟，自然地让人沉下心来；而卢浮宫的人气、建筑与地理条件，反而决定了其观众虽络绎不绝，却很少有人能做到静心观看。这也是莫高窟和卢浮宫的一个本质性的不同。

③ 卢浮宫、敦煌与艺术在地性

让我们走进卢浮宫的方形沙龙（salon carré），来解读卢浮宫和莫高窟体验的另一个本质性的不同。相较于其华丽的顶部，这个展厅的展墙很白很朴素，人也不多。原因很简单，里面的作品以现在的眼光看并不很美，毕竟是文艺复兴之前的 12–15 世纪的审美。这些中世纪的艺术作品被以前的鉴赏家们扣上"原始""灭人性"的帽子，也难怪在这个展厅的作品中几乎找不到一张笑脸，都有点丧。

其中两幅比较著名的是契马布耶的《圣母子》与他徒弟乔托的《圣方济各接受圣痕》。两幅画都尺幅巨大，都很尖。这种"尖"是哥特式艺术特有的形状，就像教堂那高耸入云的尖塔。

▲ 方形沙龙中的绘画很多为金色底色，因为能代表太阳的亮光，金色从古至今一直被视为神圣的颜色

◀《圣母子》

乔托是契马布耶的学生，他比老师画得更生动更立体，是文艺复兴画家第一人，被称为"绘画之父"。

◀《圣方济各接受圣痕》

这两幅画一直是阿西西的圣方济各教堂（Église San Francesco de Pise）里的祭坛画，直到拿破仑横扫欧洲时期出台的"杰作归法国"政策（le rapatriement des chefs-d'oeuvre）。政策出台后的很长一段时间，当时全欧洲最著名的艺术杰作都在运往法国的路上，或已经在改名为"拿破仑博物馆"的卢浮宫里了。当时的馆长德农，在陪拿破仑参观博物馆的时候自豪地说："我们在漫步过程中，就可以欣赏到一部绘画史。"

德农在 1811 年来到意大利，以超越时代的眼光在众多"收缴品"中选了《圣母子》和《圣方济各接受圣痕》这两幅前文艺复兴时期作品。当时的欧洲人和现在的我们一样，都没觉得中世纪绘画重要。1815 年拿破仑战败后，几乎所有古希腊时期和文艺复兴时期的作品都被讨回去了，但这两幅画没有。

想象一下，阳光穿过教堂那巨大的彩绘玻璃照亮了祭坛，我们

法国沙特尔
大教堂

穿过几个正在祈祷的信徒上前，顺着烛光抬头见到这幅《圣方济各接受圣痕》。这种体验与在卢浮宫的白墙前直面乔托大作肯定不同。这就是争论不休的作品在地性问题，抛开来源不谈，宗教画是应该放在博物馆还是放在教堂原址？

▲ 宗教绘画原初的使用场景
▼ 拿破仑在卢浮宫中，身后雕塑均从欧洲各国"拿来"。

细节

▲ 254 窟内部，古代参拜方式是在洞窟内绕行，礼拜佛像，观看壁画。

　　敦煌莫高窟大多是家族的寺庙，是修行和宣教的场所。我们之前分析的当代洞窟参观方式，和千年前信徒在莫高窟的活动方式很接近。当时有一种修行方式叫"禅观"，简单来说就是内心集中又安定地仔细观看佛像和壁画，在观览的信徒们身边很可能就有一位僧人在讲解壁画所传达的教义，以助禅观。今天，莫高窟的讲解员取代了这一角色，长期在圣地工作的他们，比任何博物馆人员都更接近讲经僧的角色。

▲ 卢浮宫在法国大革命后从皇家宫殿转身为人民的博物馆，而革命与复辟的故事，都记录在红厅的这些油画之中。

在莫高窟，艺术的在地性与接近原本使用场景的参观方式都令我们记忆犹新。成熟的宗教仪式不正是最杰出的艺术作品吗？或者说，很多古代艺术就是宗教仪式的一部分，而当代艺术又在模仿并试图接近宗教。如果第一座哥特式教堂的设计者絮热和策划建造254窟的那位无名天才穿越到今天，肯定都是超级策展人。

当然，也有作品是更适合放在卢浮宫里观赏的。走进达鲁厅和莫里恩厅，血红的背景让人不禁感到严肃，又有些躁动。厅里布满了尺幅巨大的作品，包含了"历史书常客"，比如加冕时拿自己屁股对着教皇的拿破仑，虽然叫浪漫主义但比泰坦尼克号惨很多的梅杜莎之筏。

两者在视觉上都再现了自然界中最神圣的存在：太阳

▲《天气计划》，埃利亚松，2002 年　　　▲ 圣彼得大教堂内部，梵蒂冈

▲ 画家德拉克罗瓦虽然没有参加革命，但当时《自由领导人民》这幅作品在卢浮宫展出时激起了大家的热情，画中女神形象来自《断臂维纳斯》，代表自由。

　　和那些小小的贵族居家装潢之作不同，这些大尺幅作品的创作目的就是让观众吵闹地欣赏，而卢浮宫也在法国大革命之后变成了属于人民的博物馆，因而对于这部分作品来说，卢浮宫或许是最佳的归属。站在画作《自由领导人民》之前，不但耳边会响起《悲惨世界》的旋律，也会瞬间明白法国人勇于反抗的永恒"折腾"之心。红厅里的巨作们好像在确保游行的正当性，怪不得当时的国王路易·菲利普在买下《自由领导人民》后，把画迅速撤出了公众的视野。

　　莫高窟的在地性也体现在城市本身。如果从我国东南部地区转机到达敦煌，一般是白天出发，晚上才能到达，一整天的行程对当代人来说已经近乎"朝圣"，但因为地理时差的关系，敦煌可能依然是白天。下飞机的瞬间，顿时感到空气干燥，放眼望去尽是沙漠，截然不同的五感体验刺激大脑，提醒着我们：我正身处异域。到达市中心的旅店，会发现城市里没有繁华的街景，也没有喧闹的夜生活。在敦煌，莫高窟才是偶像，一位经历了10个朝代依然充满活力的文化偶像。在我们驱车前往洞窟的路上，远远地就能看见那些崖壁上的洞窟，千年来几乎都没有什么改变。进入洞窟，温度和音场都不一样了，洞窟内部没有电灯，唯一的光源就是讲解员的手电筒，这是当代生活中少数能让人不分神的场景，如同在剧院中那样。

　　站在博物馆的一件展品前，透过展柜的玻璃观赏，我们需要非常了解历史知识才能有穿越感。但在敦煌石窟中，我们本身就几乎被古代文物包围了，整个洞窟就像一粒时间胶囊，不必拥有太多想象力，就能穿越千年。

　　在地性让我们在莫高窟里体验到原汁原味的穿越，听说一些大馆有把祭坛画物归原主和各种"去中心化"的计划，但这就好比是要把好不容易收集满一箱的玩具主动送给其他小朋友，无疑是个艰难的决定，除非其他小朋友出钱或出"拳"。当然，脱离了使用场

▲ 敦煌市内景色与路牌，几乎没有高楼，城市整体视觉设计统一。

景的艺术品，更能彰显美的独立性，蒙娜丽莎不用只待在乔孔德先生的卧室，她无论以任何复制品的形态出现在电影、饼干盒、KTV等任何场景，都能展现强大的气场。而且当艺术品们在同一空间出现时，总会产生一些奇妙的对比与共鸣，比如吴道子作品和古希腊艺术，两者都少见原作，只见仿品；而古罗马的暴发户审美和拿破仑帝国风格又是如此琴瑟和鸣。 总之，能在一个地方窥见全人类文明的物证，岂不美哉？

　　敦煌让我们梦回千年之前，体验善男信女的虔诚；

　　卢浮宫让人站在文明之巅，享受上帝般的视野。

断臂维纳斯与 45 窟胁侍菩萨

　　了解了整体体验的不同后，让我们来对比一下卢浮宫与莫高窟的杰作吧。哪怕只有两个小时逛卢浮宫，也没人会错过宫中的"三大美女"，而要从中选出最漂亮的那个，非维纳斯不可。和笑容神秘到轻蔑的那位以及人气略低的胜利女神相比，维纳斯显然更美一些。说实话，断臂维纳斯作为对手，有点过于强大了。

▲ 三大美女加起来只有两条胳膊两个头，毕竟维纳斯和胜利女神加起来 4000 多岁了。

　　说得夸张点，维纳斯用一双无形之手构建了"美"的定义，幽灵般存在于几乎每一部好莱坞电影和每一个欧美奢侈品大牌中，信徒遍布世界上每个角落。

　　当然，这尊希腊晚期雕塑的美也来之不易，其纠结之处和巨大影响我们都能在卢浮宫内见到。要与西方较劲，必先了解希腊，就像外国人了解中国文化需要先研究孔子一样。

1 古希腊文明与雕塑的演化

　　古希腊山多贫瘠，爱琴海边的古希腊人的生计只能靠航运贸易和殖民，简称"浪"。航向非洲、航向东方，学习那边更发达更古老的古埃及文明和两河流域文明。古希腊文明发展中迈出的关键一步是：古希腊人从腓尼基人那边引进了比较先进的文字，并在这种纯辅音字母里加入了元音，自此，这个文明开始在古代文明之林里发出自己的响亮声音，更确切地说，吟出了自己的《荷马史诗》。

　　《荷马史诗》让常年征战不休的希腊城邦（polis）之间有了共同的文字和信仰，奠定了希腊的文化。荷马有多重要？我们只要看卢浮宫的一幅天顶画就知道了。拉斐尔的信徒、学院派大师安格尔，为了一扫当时画风张狂的浪漫主义"妖风"，模仿《雅典学院》画出了卢浮宫中这幅四平八稳的巨作，下方的众人是整个欧洲历史上的文艺全明星：莫里哀、莎士比亚、米开朗基罗等等，而在王座上接受众人礼赞和女神手中的桂冠的正是荷马。

　　他要反对的浪漫主义"妖风"是什么风呢？以德拉克罗瓦为例，他是浪漫主义的领袖，为了和以安格尔为代表的学院派划清界限，他的主题、配色、构图都狂乱暴力。他的画作《萨达那帕拉之死》，画中一切都和安格尔的《荷马加冕》截然相反。

▲《荷马加冕》，安格尔，1827 年（荷马身边两位女神是两篇史诗的拟人像）
▼《萨达那帕拉之死》，德拉克罗瓦，1827 年

▲《帕里斯的抉择》，François-Xavier Fabre

　　在《伊利亚特》中，荷马这样描写私奔到特洛伊而引起战争的海伦："难怪特洛伊人和亚该亚人（希腊人的一支）这么受苦，看她一眼，你就知道她像一个不朽的女神。" 私奔对象帕里斯的老爸对海伦说："这事当然错不在你，该怪诸神……"对，确切地说，该怪维纳斯。

　　维纳斯赢了一场选美，评审帕里斯是特洛伊王子，他不要雅典娜和赫拉献上的胜利与权力，只要世界上最美的人。要解释为什么帕里斯把金色禁果给了维纳斯而没和她在一起，反而要求获得另一位女性可能就太"弗洛伊德"了。总之，他没选正经又智慧的雅典娜还有主司家庭与生育责任的赫拉，倒像有着一位年轻未婚王子的价值观。而要让人间最美的有夫之妇海伦爱上帕里斯，只需丘比特的一次例行公事。后来，众所周知，爱情引发了古希腊和特洛伊间的战争，但美神维纳斯又怎可能带领特洛伊打赢战争呢？最终，帕

◀ 中了丘比特爱之金箭，海伦甩下家室与特洛伊王子帕里斯远走高飞

里斯成功毁灭了祖国。特洛伊沦陷后，海伦的前夫双眼发红、头上泛绿，在扑向海伦取她性命的瞬间，再次被她的美丽征服。

　　荷马笔下的美可倾国，但当时的艺术还达不到这一水准。卢浮宫中有一座著名的公元前 7 世纪的希腊早期雕塑叫《欧塞尔女士》。她站得笔直，双脚紧紧靠拢，左手紧紧贴着裙子，从侧面看，裙子部分的石材好像被刀工很好的厨师切过似的。脸上五官近乎多边形，虽然缺损半边脸，但是谁都能猜得出，另一半定是对称的镜像。客观又理智的艺术史学者会告诉我们，她脸上那抹笑是古风时代前的一道曙光，胳膊与身体间的空隙代表了身体各部位即将在雕塑中独立，这都是希腊艺术家的勇敢尝试。

　　作为维纳斯的前辈，欧塞尔女士真的很重要，但也无法唤起那种爱慕之情，就像很少有人会对古埃及厅里的雕塑心动一样（除了纳芙蒂蒂）。而且古希腊人的雕塑技术的确是来自埃及的。对比一位

▲ 图中为《欧塞尔女士》。古希腊艺术按发展阶段分为：早期—古风时期—古典时期—希腊化时期；脸上略带僵硬的微笑被称为古风式微笑，这座雕像作于古风时期前期。

比她早一千多年的埃及王子雕像，伟大的希腊雕像倒成了"李鬼"，对石材的运用，古埃及人高明太多了，大家看脸部和裙摆就知道了。

公元前 5 世纪的希腊历史学家赫卡塔埃乌斯（Hecataeus of Miletus）认为：希腊人长期以来就是埃及文明的子孙。连希罗多德在那本不那么准确的《历史》中也说："几乎所有神的名字都是从埃及传入希腊的。"这很正常，埃及早就有成熟的文明了。当我们继续盯着两尊几乎相同高度的雕塑看，就会发觉埃及的王子有点卑微忧郁，但这位法国出土的希腊女士更加外化、开朗，有种质朴的能量，正像那爱琴海的阳光。

▲ 图中左边为古埃及雕像，公元前 19 世纪，卢浮宫馆藏

　　就是这种开朗，让斯巴达的少女挥汗在运动场上，让希腊的艺术多次蜕变，而埃及艺术在柏拉图的眼中则是"一万年不变"。柏拉图不懂碳 –14 鉴定，不知道古埃及究竟多老，但他真的说对了。我们走在卢浮宫的埃及展厅中，无论展标里的年份如何变化，法老、书记和狮狮都一样地对称。连雪莱笔下的"万王之王（King of Kings）"拉美西斯二世，也端坐得像个小学生。

　　当然，古希腊艺术之所以能在古埃及艺术基础上实现超越，光靠自己却是困难的。就像作家拖稿时需要点外力来催稿，催生希腊黄金时代的，是来自东方的巨大外力。

▲ 狒狒代表智神托斯（中），是埃及书记（左一）的崇拜对象；卢浮宫中的拉美西斯二世坐像（右一）。

公元前 490—479 年，古希腊被波斯帝国侵略了两次。

特洛伊一片火海，海伦与维纳斯依然美丽；雅典卫城一片火海，古希腊艺术开始征服世界。

所幸，古希腊是战争的胜利者，战争的胜利者不但有权"创作"历史，也能在废墟上创造全新的艺术。

▼ 图中为帕特农神庙，第二次波希战争时，波斯人曾占领雅典，焚毁卫城。

　　民主战胜帝制，正义战胜邪恶，苦尽甘来的雅典人值得拥有一座全新的卫城，其中最重要的建筑就是帕特农神庙。帕特农神庙好像一位屹立于大地之上的巨人，厚重的多立克柱就是其双腿，撑起了西方所有的骄傲。胜利后的希腊人是如此的自信，眼前的世界仿佛都不同了。

　　在那黄金的战后 50 年中，哲学家把人类作为万物的尺度，悲剧作家们把宗教仪式变成了娱乐项目，艺术家用双手造出了神，或者说把人像造得和神一样完美，这就叫人类中心主义。在创造力大爆发的雅典，几种雕塑风格并行，再无埃及的旧影，古风的懵懂也荡然无存。

　　波留克列特斯（Polykleitos）更像一个理科生，专注研究人像的比例。他说："佳作是大量计算的结果。"他的作品从头发到脚趾都经过一丝不苟的比例规划。最著名的作品有《持矛者》和《绑带者》，但如果遮住两者的手臂，你会发觉剩下的部分几乎完全一样。波氏的作品规矩得散发出道德感，被视为"正典（Canon）"。他还

▼《绑带者》

▲《掷铁饼者》，作者为米隆，黄金时代的雕塑家。

▲《持矛者》

▲ 帕特农神殿三角墙中的雕塑现大多存于大英博物馆，为当时原作，被封为最重要的古代艺术品

确立了一种最正典的站姿：对立平衡（contrapposto）。简单说起来就是从严肃的"立正"变成了轻松的"稍息"。细看一下持矛者：右手右脚直，左手左脚弯，看起来并不对称，但在各部位的姿势对立中形成了绝妙的平衡（臀左转，头右转，肩左高右低，臀右高左低，右腿左手承重，右手左腿放松）。

过于公式化的后果就是情感和个性的缺失，古人承认波氏造出了完美的人像，但没创造出神像。造神的重任落在了菲迪亚斯的身上，他刚造好古代七大奇迹之一的奥林匹亚宙斯巨像，现在又有帕特农神庙的神，等着他用最好的大理石来创造。众所周知，帕特农神庙的雕

▲ 图中为《台伯的阿波罗》的复制品，创作者应是当时的优秀艺术家，保留了菲迪亚斯的部分神韵。

塑大多在大英博物馆，为大英博物馆这位卢浮宫的老对手带来美的光辉与希腊政府的追讨。

卢浮宫里菲迪亚斯的复制品都令人失望，我们另选一件菲迪亚斯还不错的复制品和波氏的持矛者对比，就能体会到两人的区别：有时，不"正典"才正典。菲迪亚斯的阿波罗好似演唱会上亮相的男偶像，迷得人神魂颠倒；波氏的更像劳动模范，令人保持理智，肃然起敬。

总之，希腊古典时期的艺术家们已经能再现荷马史诗中的美了，而且他们最不缺的就是拥有完美肉体的模特。比赛前，男运动员誓把肉体和超人的表现献祭给宙斯，随后在神圣的运动场内褪去所有衣物，开展名为体育竞技的宗教仪式。男性的裸像在希腊各城邦随处可见，当然，只是男性。

▲ 卢浮宫以及每个博物馆的希腊雕塑厅无不把人体视为至高的美。

2 断臂维纳斯的前辈们

▲ 《命运三女神》（局部）

即使在黄金年代，雅典执政官伯里克利也不愿让女性抛头露面，剧场舞台上都是美丽的"青衣"与"花旦"，希腊女人们依然从头包到脚，就和当时的女性雕塑一样。卢浮宫中的《母性维纳斯》大英博物馆里的《命运三女神》都是那个时代的杰作，仿佛戴着镣铐也要跳出最美舞蹈，艺术家把激情都使在了衣纹上。哪怕在手机上看低清图，这两件作品的区别也非常明显，《命运三女神》的身体和腿部的衣褶极为复杂，雕塑家没有放过线与线之间最小的细节，

▲《母性维纳斯》，卢浮宫馆藏

灌注的情感让衣服成了流动的生命。《母性维纳斯》的呆板更像豪华会所中的装饰，这样说并没有太不妥，因为此类复制品很可能就是某古罗马豪绅审美品位的量产物，用来点缀花园或浴场，这尊雕像也的确是路易十四收藏中的明珠。《命运三女神》是帕特农神庙的原作，由菲迪亚斯亲自督导，而《母性维纳斯》是青铜原作在500年后的大理石复制品。简单来说，这也差不多能代表希腊与罗马在艺术上的差距。

雅典女性的地位，在公元前5世纪末得到了提升，她们成为悲剧、喜剧的主角，在雕塑上，女性的形体得到了前所未有的关注与描绘。但艺术史还在等待那位乐于打破禁忌的人，断臂维纳斯的祖辈即将诞生。

普拉克西特列斯，冗长的名字注定了他不可能全球知名，但是他的维纳斯改变了世界。普氏生活在菲迪亚斯他们的后一个世纪——古典晚期。那时的男性气质变了，雇佣军式战争削弱了人人皆兵的公民传统，口才和完美的肉体变得一样重要。卢浮宫内有一件普氏的罗马时期仿作，水准和他背后的《母性维纳斯》差不多，我们姑且一看。老样子，放在正典旁对比——猛男变鲜肉。正典那盔甲般的肌肉已经融化成流线型瘦肉，七头身变八头身，脸也更窄更小。对立平衡成了"对立妖娆"，普氏的男雕像不扶着什么就会倒掉，少男阿波罗竟然在找一只蜥蜴的茬。

　　如果能见到普氏现存最好的作品《赫尔墨斯》，就会被他细腻的雕刻技巧感动，石雕竟然有吹弹可破的皮肤质感，给人最直接的感官刺激，人们甚至把《赫尔墨斯》视为普氏的原作。用他自己的话说就是："古人雕塑体现人的本质，我的雕塑体现人所呈现的模样。"好像间接说出了当时的人们比起灵魂更在意皮囊。

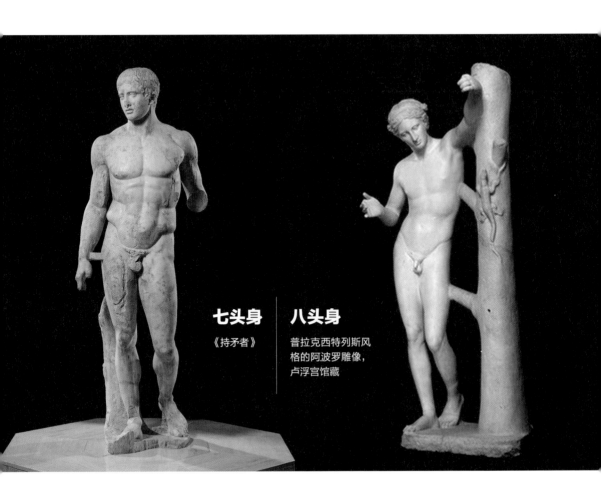

七头身

《持矛者》

八头身

普拉克西特列斯风格的阿波罗雕像，卢浮宫馆藏

▲《赫尔墨斯》，普拉克西特列斯原作　　▲ 普拉克西特列斯风格的《尼多斯维纳斯》，传说以其情人芙里尼为原型

在庄严的雅典娜矗立于帕特农神庙内后约 100 年，维纳斯的时代来了。

位于小亚细亚东南的尼多斯人，一直信仰这位爱与美的女神。普氏为他们坐落于林中的维纳斯神殿带来了第一座等身的女性裸体雕塑，她也引起了整个希腊的哗然。再也没有比"丑闻"更带营销属性的事情了，尼多斯的旅游业迎来了奇迹，人们从四面八方赶来一窥究竟。雕塑描绘了维纳斯的入浴瞬间，从古代的朝圣者到现在的专家，没人搞得清她是在放下，还是抓起衣物，笑着迎接，还是慌忙离开。

◄《阿尔勒的维纳斯》，卢浮宫馆藏

　　不用担心，女神的出现是有理可循的，大家都知道她在凡间有多位情人，这只是她下凡履行爱之公务的专业场景，在相关宗教中是净身仪式。普氏真的应该感谢他的情人兼模特芙里尼（Phryne），她活出了维纳斯的神性，也拥有同等的美貌。连柏拉图笔下的维纳斯本尊都惊讶于普氏为何见过自己的肉身。用"超模"来表述芙里尼都不够用，她是古希腊时代的"神模"，赠予无数古今艺术家以灵感。当时，德尔菲热情的人民为芙里尼树了一尊鎏金铜像，印证了在德尔菲神殿中的那句神谕"美即正义"（the most beautiful is the most just），身为维纳斯，就是可以为所欲为。从此，《尼多斯维纳斯》的各种衍生版本像海上的泡沫那般四处升起。

　　一如既往地可惜，原作早已遗失，所有《尼多斯维纳斯》的复制品都没有《赫尔墨斯》性感。但普氏另一件杰作在卢浮宫有"完整"的复制品，叫《阿尔勒的维纳斯》（Venus of Arles），在阿尔勒的古罗马剧场被挖出来后，它一直是路易十四的收藏。当时并没有"修旧如旧"的概念，在太阳王追求宏大的审美品位影响下，普氏的维纳斯被"修复"成了国王心中的完美宫女，装饰于凡尔赛宫。就像一个 4020 年的外国人翻唱了今天的抖音歌曲，还说自己继承了华夏衣钵。谁知道呢，几百年后的人看现在修旧如旧的做法说不定也一样。路易十四只是无法忍受有残缺不全的雕塑在他的华丽宫殿内出现吧，而且负责修复工作的雕塑家吉拉尔东还是很不错的，他与当时美院院长勒布朗两人创造出了配得上"朕即国家"的宏大品位。

"请问博物馆里哪件作品最美呀？"

　　"最美"这两个字仿佛有魔力，也是每个人的真实渴求，虽然粗暴且排他，但起码给人一个标准。在《断臂维纳斯》之前，被赞

◀ 《美第奇的维纳斯》

◀ 《美第奇的维纳斯》被送
往卢浮宫的路上

颂最多的是《美第奇的维纳斯》（后文简称为《美第奇》），她是《尼
多斯维纳斯》的衍生，赢过了所有其他粗糙的复制品。这就是"最

美"的魔力，几个世纪来品位最好的人都选择性忽视了她被修复的右臂——胳膊姿势和每一根手指都很做作。当拿破仑在 1803 年把她"拿"到卢浮宫时，"最帅"的《观景殿的阿波罗》已经在宫里等她了。即将登基的皇帝，不但坐拥大片土地，连历史和美都能占有，当然他也没有忘记"神秘"，回到他杜乐丽皇宫的卧室，《蒙娜丽莎》就挂在那儿。

1815 年，两座雕塑都回了意大利的家，法国不但失去了强大的领袖，连"最美"都不保。

◀《观景殿的阿波罗》
▼ 拿破仑在卢浮宫为大家展示《观景殿的阿波罗》

《断臂维纳斯》，卢浮宫馆藏

❸ 美的奇迹，降临！

1820 年，奇迹降临。

艺术之神眷顾法兰西！原作！来自古希腊黄金时代的原作！

　　头部和身体不但连着，还非常完整。它是当时世上唯一的古希腊立式女性雕塑原作，以前每一座维纳斯好像都是在为这一时刻铺垫。周杰伦本尊出场的一刻，台上所有模仿者不都成了搞笑艺人吗？想象一下，某一天，宣布找到了《兰亭集序》的真迹，我们再也不用透过摹品想象，王羲之的笔法就在眼前。对欧洲人来说，断臂维纳斯在米洛岛的出土就是这种感觉。

　　1893 年，德国学者宣布《断臂维纳斯》不是公元前 4—5 世纪的原作。但美之神话已经建立，女神演出了比她实际年龄老 300 岁的古典风韵，再一次迷惑了所有智者的眼睛。《断臂维纳斯》实际

◀ 相比《断臂维纳斯》，希腊化时作品普遍更加夸张

诞生的年代是公元前 150—130 年，那是希腊化时期。那个年代，雕塑变得比普氏更戏剧化、更浮夸，古典的和谐早已散去。我们只要看卢浮宫中《被惩罚的玛息阿》（The Torment of Marsyas）和《博尔盖塞的角斗士》（Borghese Gladiator）就会明白：人们口味变重了。

但这不反而凸显了维纳斯的出淤泥而不染吗？在古典文化崩坏的那些年，就是有一位天才雕出了黄金时代雅典的典雅。

只需让新旧"最美"正面对决，就明了了。

▲右为《美第奇的维纳斯》，佛罗伦萨乌菲兹美术馆藏

远远地看，就知道其中一位和衣物毫无关系，过于裸露的《美第奇的维纳斯》（后简称《美第奇》）可能只会在西方语境下成为大众明星。《美第奇》的姿势是著名的"含羞（Pudica）"，强迫每个观者扮演了偷窥者，整个身体是畏缩并前倾的，也是为什么雕塑

腿边杵着原作没有的海豚，它虽碍眼却是防倒支柱。

　　《断臂维纳斯》腿上的罩衫不但端庄也让她更稳定，使她的动作更加自信、自然，她几乎正面地用略含悲伤（pathos）的眼神看着你。《美第奇》修补的手臂在之前已吐槽过了，头转得如此夸张，还在不那么高雅地笑，就连发髻都比维纳斯做作。仔细观察的话，《断臂维纳斯》身上每根线条和每个部位的过渡都很自然，对比之下，《美第奇》犹如过气明星在节目上的绝命一搏，还是回佛罗伦萨当地方

▲《美第奇的维纳斯》（正中）现在乌菲兹美术馆八角厅正中。

▲《断臂维纳斯》侧面与背面

台台柱好了。

《断臂维纳斯》虽然是模仿古典的作品，但真和菲迪亚斯时代的作品放一起的话，又比他们平易近人：从七头身变成八头身，不会太过于庄严肃穆。用两个字总结就是"自然"，一切都恰到好处。

当然这一切都是以"丢失双臂"为先决条件。很多情况下，历史本身就是艺术家。

《断臂维纳斯》背后有其文明和所有她所超越的雕塑。走在卢浮宫，我们会发觉，从文艺复兴到新古典主义都在向她致敬。希腊式神殿如今依然在"欧式小区"中拔地而起，红毯上、广告中，如今的女神明星们摆着对立平衡的 pose，演绎着维纳斯再世。

▲《断臂维纳斯》比较可信的复原图与相似作品

进入 45 窟
佛龛主室后
的场景

④ 45 窟与敦煌盛唐艺术

　　断臂维纳斯是全世界最知名的雕塑之一。而在东方，她或许遇上了劲敌，哪怕在书上也气场很强，她就是莫高窟盛唐时期 45 窟的左胁侍菩萨。

　　当我们步入 45 窟，会发觉视野变得开阔，正面我们的就是佛龛，佛龛是洞窟的主体，也是最重要的部分。隋唐开始，45 窟这样的覆斗顶型洞窟成为主流，没有了早期禅窟的苦修与中心塔柱窟的印度影响，唐人不再流行绕塔观像了，而是选择更加直接的形式。

　　洞窟底色为浅色，没有了早期深红底色的异域感觉，左右浅色

◀ 右：45 窟左胁侍菩萨　盛唐
▶ 45 窟藻井

的两壁直接把我们的视线引向中间色彩绚丽的佛龛。佛龛本身在唐朝也发生了变化，放弃了隋朝的双层形式，左右两壁上也不再开龛。总之一切都在向大气、直观的式样发展。45窟还有种盛唐的感觉，只需抬头看藻井就明白了——阳光普照的放射感。中间的大朵团花，通过层层图案扩散成千佛，照亮了整个窟顶，红绿的配色也增强了这种视觉体验，看久了不但心情舒畅，颈椎也舒适点了。

　　龛内有7身彩塑，以3—1—3的格局对称排列，从高到低斜排指向中间的主尊佛像，仔细一看，最外侧的两个天王的胳膊已经撑出了龛外。这种设计的用意，可能和文艺复兴艺术家故意画个框然

▲ 左：菲利普·里皮《圣母子与天使》，图中画框是画出来的，圣母有种出框的立体感，增强画面与现实的联结。

▲ 右：45窟两尊天王彩塑的手臂也伸出了佛龛。

后出框相似，增加了真实感和张力。

　　当然，更强的真实感在龛内，我们对比一下隋朝的 419 窟就一下子清晰了。就像前面所说的，龛更宽更深，但最核心的不同在于彩塑大小。隋窟的主尊比弟子和菩萨大非常多，唐窟内阶级差别健在，但每个角色的大小没有什么区别，更重要的是，每个角色的身高体型都和真人差不多。龛内的主尊、菩萨、弟子、天王四种尊位，可直接对应当时的君臣民将，我们现在也能找到类似校长、教务主任、学生、门卫等带入方式，但每个角色都是大写的人。隋窟的彩塑仍被墙壁束缚，共生共存，唐窟的彩塑已经从墙中走出，作为群塑完美，作为单个艺术品也各有千秋，或曰，角色设定丰富多变。

◀ 隋代 419 窟

◀ 盛唐 45 窟

阿难

迦叶

南方天王

北方天王

右胁侍菩萨

左胁侍菩萨

▲ 左右是以主尊的左右手边分的，上图中，左边为右胁侍菩萨，右边为左胁侍菩萨。

让我们走近看看。

阿难看起来有些得意，他长相俊美，少年得志。可能他就是这样眯缝着双眼，再这样微微前倾地劝人们遁入佛门？迦叶是个老胡人的形象，紧皱着粗眉，深厚的法令纹旁布满胡渣，站得像埃及雕塑那样笔直，可能他就是这样召集第一次集结的吧。两人一红一蓝，虽然都身着袈裟，但阿难时尚多了，迦叶更像一个苦行僧。

南北两天王是彩塑群中动作最夸张的，也是眼睛最大的，放到西方雕塑里基本是希腊化时期作品了。北方天王怒目圆睁地张嘴喊着"你愁啥"，胡人将军的形象加上两米的身高给人一种初见外籍保安的震撼。南方天王貌似更加关注自己的华丽装备，腹部的圆护保留着美丽的青金石蓝，右肘衣角在空中飞舞。

主尊右手边的右胁侍菩萨有点生不逢窟，无论出现在任何一个窟，他几乎都将成为镇窟之宝，可在这被誉为"国宝窟"的地方，左胁侍实在太完美了。右胁侍比左胁侍更加苗条，这样反而让头和脸显得稍大，看起来像个少年，最致命的是右肩有后代修复的痕迹。这算修复中比较成功的，但其肩部曲线和厚度总有微微的违和感。右胁侍的脸部更长，身体圆润，相信大家一定知道在盛唐谁会更受欢迎。

本章主角左胁侍菩萨宛若一个成熟的唐朝贵妇人。只是宛若，也有很大不同，不然无法牵动宗教情怀。她有细滑的皮肤，大大的耳朵，纤长的眉毛和手指，手臂的比例也更长，这些都是与常人不同的瑞相，现实中拥有的话，会在亲人聚会上被说"有福气"。上身裸露，斜披着天衣，下身穿束腰长裙，菩萨穿的是俗装，图案和款式与现实中的女装更接近，比袈裟与甲胄更平易近人。而且仔细一看，裙装红绿撞色，至少有三种图案，还是金边的。这种勇敢的

▲ 45 窟，左胁侍菩萨

大唐遗风放今天大概只会在时装周开幕式那天再现。

她面容慈祥，同时也充满自信。唐朝社会环境氛围相对宽松，上层社会妇女可以参政议政，由此出现了女性诗人、音乐家、政治家以及女皇帝。女性出现在更多的社交娱乐场合，穿上多样的华服。艺术家们见到了更多神采奕奕的女性，自然也能刻画出更好的贵妇形象。从隋唐开始，更多的菩萨开始呈女相，唐朝是一个世俗的时代，唐人看以前的窟，可能会觉得，为何洞窟之中只有男性？慈悲的女相菩萨不是更易让人吐露心声吗？女信徒也能直观地见到自己修行菩萨道的可能性。与此同时，欧洲也

▲ 45 窟北壁《观无量寿经变》

发生了一件有趣的事，走出中世纪最混乱的黑暗后，欧洲人在 12 世纪开始崇拜圣母，法国最伟大的教堂都是献给她的。

我们在南北两壁的壁画中也能看到人们对世俗的追求。南壁是《观音经变》，遭遇不测念观音，想生儿子念观音，画上的天人与凡人都穿着唐代的时装。北壁的《观无量寿经变》画的是西方净土，中央是人人皆知的阿弥陀佛，当时的人相信，只要念其名号，就能入其净土。比起早期的禁欲苦修，这样的法门"方便"太多了。窟内的艺术是写实形象，窟内的教义是为解决现实问题，直至今日，这种对美好现实和未来的向往让我们依然时不时从口中蹦出"阿弥陀佛"四字。

唐朝也是一个豁达的时代，我们可以从 45 窟《观音经变》中的

▲ 45 窟南壁《观音经变》

▲ 45 窟盛唐《观音经变》中的胡商遇盗场景

著名画面窥见。其中的《胡商遇盗》描绘了外国人商队遭遇强盗后
瑟瑟发抖的一幕,毛驴在他们身后投去悲伤的眼神,前方年长的胡
商已颇有经验地卸下货物。奇妙的现象发生了,汉人是坏人,胡人
是弱者。纵观历史,能呈现出这种设定的作品真的很少,这要求作
画者有很强的自信心或是反省之心。与其说唐朝人大度,不如说盛
唐时花大钱造 45 窟的窟主很有人文主义精神,如果他见到断臂维纳
斯,大概也会愉快地接纳。他可能对高鼻深目的长相与姣好的身材
并不陌生,因为他在敦煌或长安见过龟兹的舞女,也知道唐玄奘称
赞龟兹的乐舞是西域最棒的。

　　铺垫太久了,在了解 45 窟胁侍菩萨与断臂维纳斯的背景知识后,
让这场穿越时空的艺术对决开始吧。

⑤ 大理石与黏土：两种美的对决

雕塑和我们观者共享同一空间，这是它和绘画最大的区别，绘画中的形象无论多立体，总被封印在平面之中。雕塑可以乱真，特别是这类和真人大小相仿的雕塑，会让我们本能地警觉并判断面前人形的情况，就像晚上闪过一个人形黑影那样。真人大小的宗教偶像现身眼前，还有比这更震撼人心的吗？加之以前洞窟内的照明是暖色的明火，在摇曳的火光下，胁侍菩萨可能会更加动态且逼真。

《变形记》中塞浦路斯王子皮格马利翁对现实中的女性感到绝望，爱上了自己创作的雕塑，在维纳斯祭坛供奉后，皮氏委婉迂回地许下了心愿，但维纳斯二话没说把忙帮到了底——雕塑变成了活人。其实按皮氏的性格，肯定会嫌弃复活后的雕塑。暂且不提这个，在这则著名故事里，我们发现雕塑成真的始作俑者就是爱神维纳斯，而且主要满足的需求就是各种爱，正如现在的手办、

▶《皮格马利翁》，让·杰罗姆

抱枕、虚拟偶像。

对于佛教塑像，追随玄奘而西行的天竺留学僧义净说过："大师虽灭形象尚存,翘心如在理应尊敬。或可香花每设,能生清净之心。"意思是**造像作为佛的再现，我们诚心供花，就能清净心灵**。在没有VR 的宗教时代，信徒们观看维纳斯和胁侍菩萨时的心境与视觉感受肯定都比现在深沉很多，就像第一章所说的，莫高窟更好地还原了这种体验。但观看胁侍菩萨的深沉体验并不等于传播和流行文化上的胜利，大家在淘宝上搜索一下两位的名字，对比一下二者的大众关注度就明白了。

两座雕塑能成为杰作，都源于对原作或者对历史的崇拜，断臂维纳斯成了无数维纳斯雕像中的女王。进入盛唐后，像 45 窟这样的 7 身为一组的彩塑颇为流行，在 46 窟、66 窟、320 窟等都能看到相似的身影。但这些彩塑总差那么一点，不是后世修补过，就是太残破。

◀ 其他洞窟相似的彩塑

◀ 45 窟佛龛

而 45 窟 7 身彩塑除了少部分不违和的修补，几乎就是唐朝原作。而且 45 窟中的壁画保存情况也不错，只有少量的后世覆绘。相比于在博物馆人群中窥见玻璃展柜后的唐朝书画手卷，沉浸在洞窟内的原作中肯定更能体验到那种盛世，进洞瞬间真就梦回大唐了。

胁侍菩萨和断臂维纳斯有很多共同之处，还记得古典时期诞生的"对立平衡"吗？她们都自然地扭成 S 形，头微右倾，发髻简单对称，维纳斯左腿戏份更多，胁侍菩萨左手手印很美。这种随性一扭，可以说是"盛世到来"的艺术表达。希腊战胜了波斯，中国迎来了 300 年乱世后的统一。两人身上也都已看不见以前埃及与印度的影响，动作都从上一代的"立正"成了轻松的"稍息"。另需补充的是，45 窟的 7 身彩塑整体的对称与对比可以说是一种复杂的对立平衡设计。

◀ 左：断臂维纳斯
　右：45 窟左胁侍菩萨

　　她们同为"地上"的文物。博物馆中的古物很多来自墓穴，无论怎么用科学价值观来说服自己，还是觉得有点瘆人。瞻仰埃及法老荣光，总怕见到木乃伊；缅怀古代丝路辉煌，也默念勿见千年前保存至今的人形。而看到维纳斯就想到海边的神殿，少男少女在刺眼的阳光中起舞祭祀。莫高窟则本来就是给活人礼拜用的石窟寺，唐朝的庙会可能和现在商业化的圣诞节一样令人愉快。

▲ 农历四月初八佛诞节时莫高窟九层楼门口的热闹场面

　　两人也都赤足，这同为神性的表现，旁边弟子和天王不都穿着鞋嘛。奥古斯都被元老院封神，从此古罗马人民就看到各处都竖着他们五彩斑斓又赤足的皇帝雕像。

　　赤裸身体也是神的特权。"她是神"，成为数千年来艺术家留下美丽作品的借口。

　　让我们再来发现些不同之处，**相比维纳斯，胁侍菩萨应该更接近"原作"一些**。之所以成为"彩"塑是因为在完成泥胚后需要彩绘，敦煌彩塑都有颜色。但只要"彩饰（polychrom）"这个词和希腊雕塑发生联系，就是唯美主义者的审美灾难。米开朗基罗独爱白玉般的卡拉拉大理石，亲自开采；温克尔曼恋上《观景殿的阿波罗》并写下了希腊审美的箴言："单纯的崇高，肃穆的伟大。"他们并

▲《第一门的奥古斯都》　　　　　　▲ 雕塑色彩还原后效果

不知道大多希腊雕塑都有鲜艳的颜色，而且还是铜的。希腊原作都被融化成了武器，古罗马人造了大量廉价大理石复制品，意大利追寻古典艺术的"文艺复兴人"挖出这些洁白的仿品奉为圭臬，再掺杂点 18 世纪的欧洲中心论，最后被新古典主义和殖民地上的新建筑弄得全世界都是。**希腊艺术的洁白意象影响至今，中国要造任何"欧罗巴"相关的东西，基本也是雪白的新古典主义折中产物。**

◀ 古希腊雕塑色彩还原案例

断臂维纳斯
展厅内

　　胁侍菩萨在盛唐时期肯定比现在鲜艳更多，莫高窟在盛唐时期也会更繁华一些：窟大都配有窟檐，洞窟内举行着燃灯供养的仪式，周边有热闹的寺庙。经过1300年，盛唐的胁侍菩萨已成了华丽但不浮夸的意象。她身上的彩绘已经岁月打磨，璎珞与手指有所残缺。我们看博物馆中无色的石雕佛像觉得沧桑静谧，但也习惯了色彩，因为在寺庙中也常见到金装绚丽的佛像。其实，"白色意象"之外，西方人也喜欢略显沧桑的东西，就像《断臂维纳斯》和《美第奇的维纳斯》

比起来，前者大理石表面更加斑驳，更接近帕特农的雕塑。时间这位
艺术家，在断臂维纳斯身上用的力更大一些，真的出了奇迹。她失去
了彩绘、装饰珠宝、手臂和身边的台座或她的情人，却得到了整个世界。

　　断臂维纳斯和 45 窟胁侍菩萨，最核心的不同在于表情。维纳斯
失去了彩绘的眼睛，只能永远无神地望着远方。大多希腊雕塑都是
这种略带忧郁的表情，这种表情是非常个人主义的，也很适合维纳斯。
面对无数双眼睛和无数组镜头，听着观众议论她的绯闻，她都不为
所动，就像 T 台上的模特那样保持着神性。

　　她是爱的女神，也是欲的女神，永远遵从欲望的指示；她有最
美肉体，她可为所欲为，结局呢？　我们看她的表情就知道。这也是
个非常现代的表情，让人联想到 6 月 18 日与 11 月 11 日这种"买买买"
战役后的早晨，生活有更幸福吗？人文主义社会中听到最多的就是
"跟着感觉走""想爱就去爱吧"，幸福吗？

断臂维纳斯的眼神

　　胁侍菩萨微笑着，在她低垂的眼中可能根本没有胜负这回事。
这种眼神是利他而非个人的，正如菩萨不去净土做佛，宁愿留在婆
娑世界，救赎众人。当我们在 45 窟佛龛前微微俯下身子之时，温暖
的奇迹出现了，她正慈祥地看着你。

　　在《大智度论》中，龙树这样解释这种表情："笑有种种因缘……
是以难事，故笑之。"

遇到难事，微笑一下。

断臂维纳斯
与 45 窟 左
胁侍菩萨脸
部对比

　　胁侍菩萨的确遇到了最难的事情，就是让众生得到解脱。个人主义的尽头到底有什么，可能是当下每个人所关心的。在维纳斯的完美身材面前，人们就像被强制暴露在明星的巨幅广告前，我们可能会想起自己变大的小腹，过于美好的幻象会带来绝望。

　　再看胁侍菩萨，竟然也有小腹。

　　嗯，可能真和亲戚在饭桌上讲的那样吧，"很有福气的"。

　　一位是由坚硬的大理石所雕，另一位是由敦煌本地黏土所塑，维纳斯和胁侍菩萨似乎代表了两种生活态度。

　　假如她们在卢浮宫中相遇，谈论起美。维纳斯可能会唱起女诗人萨福的诗歌："你爱的就是美的。这容易解释。" 胁侍菩萨则依然保持微笑，静静地看着维纳斯。

达·芬奇与敦煌画师的黄金时代

敦煌遇见卢浮宫，还有太多想说。对比了两者参观体验与一对雕塑作品后，该轮到绘画了。

其实雕塑艺术的群众人气一直不高。在敦煌，彩塑的主题是佛陀、菩萨、弟子、天王，而壁画的主题更加丰富且平易近人，适于现在的社交网络传播；在西方，雕塑颜色大多惨白，主题基本就是人，身处当下的读图时代，雕塑依然像黑白照片，而人们更喜欢充满幻想的绘画。

路易十四最得力的大臣科尔贝（Jean-Baptiste Colbert）说："我一直决心让法国拥有所有最美丽的意大利绘画。"法国真的做到了，很多人甚至会错误地认为文艺复兴三杰都是法国人，起码达·芬奇肯定是。

敦煌有艺术杰作，但还缺一个元素，那就是明星艺术家。最能在全世界范围内代表卢浮宫的非达·芬奇莫属，那敦煌有这样一个"达·芬奇"存在吗？

1 艺术之神与无名工匠

"1452 年 4 月 15 日周六夜里第三个小时（23 点左右），我的孙子塞尔·皮耶罗·达·芬奇来到人间。他的名字是列奥纳多。"达·芬奇的诞生被他的爷爷用漂亮的公证员字体记录了下来。达·芬奇是私生子的事和生母凯瑟琳的事则完全没有被提及。直到 57 岁，达·芬奇还被称为私生子。很明显，他对自己的身份非常在意，辩解说自己被带到这个世界上无一不遵从人性的法则，他还在解剖学笔记里写下："父母双方出于爱意召唤而结合，孩子将聪明而有活力。"

▲达·芬奇爷爷亲笔文件

从这么一点点信息中，我们已经能知道达·芬奇是白羊座，与同为白羊座的凡·高占据了艺术圈的大半人气，所有关于白羊座的知识与经验都可以罩在我们观看其作品的眼睛前。他的人生必将谱写在意大利最激荡的文艺复兴盛期，作为私生子，他会经历复杂的原生家庭，但也终于因此能摆脱家族代代公证员的束缚，走向与公证员完全相反的另一个极端——艺术家。

▲左：达·芬奇手稿中的小孩；右：徒弟梅尔兹画的达·芬奇晚年肖像，这是所有肖像里最靠谱的一张

相反，要塑造出敦煌艺术家的设定实在困难。莫高窟画师文献资料在 9 世纪以前几乎是片空白。我们对洞窟制作者的了解基本来自藏经洞中的文献、洞窟的功德碑，还有洞窟内的题记：

同日，画匠酒一瓮。

看后你可能会失望，洞窟文字大量都是类似上述的公式化记载，连名字都没有。画匠中极少数运气好的，大概能在供养人的题记上留下自己的名字：

画匠弟子李园心一心供养。

故事倒有一个，主人公是塑匠都料赵僧子。

塑匠就是做彩塑的工匠，他们负责把莫高窟门口大泉河里的澄

▲当时，可能有工匠住在莫高窟北区，洞窟里只有简陋的土床。

板土变成佛国净土中的泥塑，留下光滑的表面好让后面同窟的画匠在上面完成彩绘。比如，在45窟胁侍菩萨的上身和脸部，塑匠释放了他所有的创造力，而下身裙摆部分则留下了大片完整区域给画匠发挥。

赵僧子凭自己的才华和无数项目的经验，从普通工匠做到了最高级别的"都料"。都料就是除了自己活好，还有一定的团队管理和设计策划能力的"头儿（team leader）"，说到这里，可不要在脑海中勾勒任何在办公空间优雅工作的设计师形象，赵僧子大概更像入夜后带人钻进奢侈品店橱窗里安装新模特的包工头。

时运不济，赵僧子家里冒出地水的问题无法解决，最后只能在935年农历11月3日把儿子典当给亲戚，换得麦和粟各20硕。这就是著名的《赵僧子典儿契》，文书的最后，赵僧子和儿子画了押。可能是出身卑微的原因，他没有拿到官府授予的头衔，也没能在任何洞窟内留下自己供养的题记。《赵僧子典儿契》就是一个敦煌艺术家留下的存在证明。没人知道他到底塑了哪尊像，他是个怎样的人，

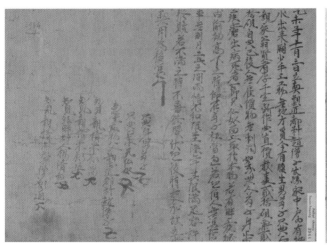

▲《赵僧子典儿契》

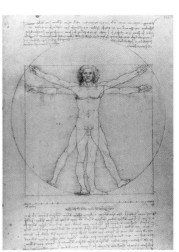

▲《维特鲁威人》手稿，上方为
镜像体文字

这也是敦煌艺术家最令人感到惋惜的地方。

达·芬奇的人物设定丰富至极，我们都知道他是左撇子，在神秘的笔记上会用镜像体书写，一位同时代的人记录达·芬奇不吃"任何带血或有生命的东西"。在意大利贵族鄙视蔬菜只吃酒肉的时代，宫廷里有一个身高一米八的艺术家在默默吃草，还时不时买点宠物鸟放生，太有画面感了。

赵僧子的生活又是什么样的呢？对于他和他的团队在工作时吃什么，我们倒也清楚：

画匠五人，塑匠三人，逐日早上各面一升，午时各胡饼两枚，拱伍日，食断。

当然，有时可能是三个大饼，这样你才能"加班"多干一会儿。还有一点我们也清楚，雇用他们的窟主觉得造窟是在积累功德，赵僧子在塑像的时候也是。敦煌艺术家的工作环境和状态已经接近修行的沙门，因为他们的社会地位基本就是苦役。有时一些工匠还会"少取工价"，取了也直接捐给寺院。的确，这点钱对现世也没什么改变，不如投资来世。

现在谁都知道艺人的偶像化要靠经纪公司包装，铺出各种"人设"，组"CP"，每个节目和每首单曲都会创造新的传说，加上粉丝的解读与再创作，最终在名为演唱会的弥撒上完成神学构架。在西方艺术的世界里，有个文艺复兴晚期的艺术家兼作家叫瓦萨利（Giorgio Vasari），经他包装的艺术家不胜枚举，他的包装方式是用其文笔写下这些艺术家的生平。

拉斐尔

说瓦萨利是"西方艺术史的奠基人"，那就是埋没了他在艺术传播上的功绩。如果说唐朝张彦远的《历代名画记》读起来像是一部伟大的学术著作，那瓦萨利的《艺苑名人传》读起来更像专业又精彩的同人文，里面有我们喜闻乐见的一切。他是这么介绍达·芬奇的："在人类历史进程中……上天以一种超自然的方

▲《艺苑名人传》中瓦萨利的形象

▲ 文艺复兴三杰肖像

式眷顾某个天才……他所获得的成就不是凡人可以奢望，而是来自神启，因为他不管投身何种领域，都能达到超凡入圣的境界。"

　　读瓦萨利的传记，有种电视剧看到高潮时产生的快感，比如他表达他自己，"感谢上帝，让我出生在米开朗基罗的年代"；拉斐尔看到达·芬奇作品后就"努力忘掉他以前学过的一切"；日后教皇看到拉斐尔的《雅典学院》后"下令将同房间中其他艺术家的作品销毁"。

　　瓦萨利收集的民间资料其实也代表了群众乐意看到的艺术故事，而且这种需求至今未变，比如"三杰"之间的恩怨情仇。艺术一直是贵族阶层的玩物，要成为大众文化的一部分，瓦萨利是最"坚实靠谱"的桥梁。比起《三国志》，大家更爱看《三国演义》，不是吗？

② 超越阎立本：进击的敦煌画师

　　敦煌的艺术家远离长安，因而没什么人为他们留下诗歌，但唐朝还有吴道子这样的大师会画壁画。而到了宋朝，文人见了壁上作画，一定觉得是累活。相比在昏暗的洞窟中制作地仗层、打格子、磨颜料、填色，月下书房中的一支毛笔就能解决所有艺术问题。

　　在卢浮宫中的画作前，我们都会凑近铭牌看一眼艺术家的名字；但站在一件漂亮的漆器前，我们只能看到时代风格。

　　敦煌的无数艺术家们就这样成了时代风格的一部分。

　　在洞窟的功德碑和发愿文上，一直有对无名古代艺术家的表述："乃召巧匠，选工师，穷天下之谲诡，尽人间之丽饰。"（《李君碑》）这样的文字的主要功能是赞颂窟主的功德，但它也反映了一件事情：虽然缺点史料和八卦，但敦煌有大师，有很多作品配得上"穷天下之谲诡"。

　　先将敦煌画师和一位长安艺术家对比一下吧。

　　初唐的阎立本，贵为宰相，能设计大明宫，大家却一直把他"贬"为画家。张彦远在《历代名画记》中说：他有应务之才，兼能书画，朝廷号为丹青神化。评一个艺术家，先说他很懂政务，真的是不带脏字。阎立本有点像英国皇家美院第一任院长雷诺兹爵士，开创了英国学院派来给后来的年轻人反叛，但雷诺兹的作品一旦要像意大利般宏大叙事，就会"暴露"英国美术相对的落后。

　　不论这些，阎立本为我们留下了十大传世名画中的《步辇图》，唐太宗被抬在半空中，头上有两把对称的宫扇，一把伞盖，松赞干布派来的禄东赞虽然穿得更加时尚，但气势上完全输了。很明显，

▲ 阎立本的《步辇图》
局部

◀ 莫高窟 220 窟《无量
寿经变》局部

此画隐喻中原和西域的关系，唐太宗早就被尊为"天可汗"，在图像上俨然是在经变画中说法的菩萨，只是周围的听众成了9位宫女。

　　阎立本的《历代帝王图》和《步辇图》都开创了一种大气的绘画模式，因为身为宰相，他也的确见过很多来朝贡的外国使者。"立本画国王，粉本在人间"，意思是这些画着国王和胡人的设计稿传到了大江南北。的确，我们在敦煌同时期的220窟就能看到阎立本的影响。

▲ 阎立本《历代帝王图》中的司马炎　　▲ 220 窟《维摩诘经变》中皇帝形象

　　220 窟的具体情况会在之后详解，我们姑且取窟中部分壁画，用文殊菩萨下方帝王听法的这一部分来对比《历代帝王图》中最大气的司马炎吧。

　　达·芬奇在他的《绘画论》中曾说："一个无法超越老师的学生是悲哀的。"

　　220 窟的这位艺术家该开壶酒庆祝下了。品下区别吧，220 窟的这位帝王身材高挑多了，腿长脸小肚子小，双手几乎张开到极限，和达·芬奇笔下的维特鲁威人一样自信，甚至连头上的冕冠都翘得更高，但是比例小了点，毕竟离真实的皇帝远嘛。阎立本把皇帝画得像鼎一样厚重可能也有政治正确的意思吧。再来对比下两位皇帝

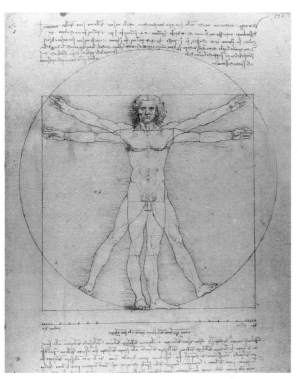

◀ 《维特鲁威
人》，达·芬奇

右手袖和身后朝臣身上的线条，你在补看过 220 窟的经变画后，可以确定地说："《历代帝王图》上这些可怜的线条已经失去了生命。"当然，毕竟现存的《历代帝王图》是摹本，如有阎立本真迹，大概会好许多。

远看，就是整体气势上的区别。壁画本来就更大并且直立，和观者是平等的状态，但卷轴画对贵族来说是低头把玩的物件。220 窟皇帝身后有几个看起来非常干练睿智的朝臣，上方的弟子和菩萨也都呈现出很多种表情，"心不在焉""凶神恶煞""事不关己"等等，在皇帝对面有一群同来听法的外国王子，他们的人物和服装设定非常复杂。总之，220 窟壁画中的人物比《历代帝王图》上清一色卑微表情的臣子们有趣很多。

220 窟
《药师经变》

▲ 220窟《维摩诘经变》中皇帝身后官员形象

为什么从唐朝开始敦煌壁画作品中多了这些"不同形象的人"？很简单，生活富足后，人性的多样化得到发展。大家可以对照20世纪80年代的街头和现在的地铁车厢，一定是现在的人们风格更为不同。阎立本见过外国使节，敦煌艺术家一进城也到处是胡商。至于气势上的区别，可能和艺术家眼前的风景有关。阎立本身处优雅书房，220窟艺术家在挥汗之际偶尔望向窟外，那是大漠戈壁，正如《桃花源记》和边塞诗歌所描绘的是迥然不同的两个世界。

达·芬奇曾经说："我以经验为师，而且会不断援引它。"

　　220窟艺术家正是用自己在敦煌的不同经验改造了原来的设计稿，设计稿中的空白是他创作的地方。220窟真的是个神奇的窟，艺术家把西域的狂放融进了有所节制的华丽中，可能这是贞观时代特有的吧。窟主是翟家的翟通，当时官职为"沙州博士"，是敦煌最有学问的人，他的审美品位也可算莫高窟千年当中数一数二的。

　　虽然没留下艺术家的信息，但我们可以想象，可能翟通一家身材高挑，因为艺术家应该明白，画中的形象该接近客户才讨喜。就在这位艺术家创作的几年间，西域捷报频传，敦煌的环境比贞观初的"禁约百姓，不许出蕃"好多了，而且还有个叫玄奘的和尚西行归来，带着经书与佛像，还有他的传说。在敦煌停留期间，一路巡礼的玄奘说不定也去过莫高窟，不知他看到莲池中扶着栏杆的菩萨会作何评论。创作这一形象的艺术家心里想的大概是：我只是把女主人在栈道边的侧影画了上去。

　　彼时，他不知道阎立本将成为右相，也不知道自己超越他了。模仿但丁在《神曲》中对乔托的表述：曾几何时，阎立本被看作绘画界的王者，如今敦煌是220窟的天下。但我们，无法再知道这位艺术大师的名字。

◀ 220窟《无量寿经变》中的扶栏菩萨

3 孕育大师的竞争年代

　　西方艺术史同样是线性且残酷的，是后人战胜前辈的循环。乔托出现后，无人呼唤契马布耶的名字；瓦萨利说，老师（韦罗基奥）看到达·芬奇在角落画的天使后 "从此再也不愿拿起画笔"；毕加索老爸看到儿子在自己画的鸽子上添了几笔后，"放弃了绘画"。

▲《基督受洗》，韦罗基奥与达·芬奇，1472—1475 年

《石窟艺术的创造者》，潘絜兹，1954 年

大师的老师都成了艺术历程上的垫脚石，甚至绊脚石。听到此类故事可以不用太认真，这些都是艺术祝颂语，就像曹不兴的"落墨成蝇"，希腊画家宙克西斯的"画葡鸟啄"，侧面体现了世间对艺术的期待是超越前人的、是超越"画得像"的，也暗示了竞争是创意的来源。

从初唐到盛唐，莫高窟中的艺术是非常商品化的，甲乙方共同商讨方案，艺术团队众多，充满竞争的活力，甚至一些窟是竞标建造的。220窟也很快出现了很多艺术上的竞争者，用相同主题但截然不同的画风来让莫高窟的唐朝更加华丽。

佛罗伦萨这一弹丸之地，竟然同时孕育了"三杰"，"三杰"之间的竞争与群众期待看好戏的心态一起成就了文艺复兴的艺术神话。将卢浮宫中三人的作品对比一下。拉斐尔的这幅《圣家族》里面人很多，但三角构图把画稳住了。光很识趣地洒在主人公圣母子身上，不用多解释拉斐尔笔下女性的完美，金发圣母以慈爱的眼神准备温柔抱住来撒娇的孩子。另一个孩子是施洗者约翰，他将在约旦河为耶稣洗礼，但他现在的表情，好像刚听到身后母亲夸"邻居孩子有多好"。右后方圣约瑟的老态，让观者确定了这位圣母的实际丈夫不可能和神之子有任何血缘关系。画上每个角色都在明确地完成自己的使命，就像拉斐尔总能满足客户的所有愿望。

贵族对挂在家中自用的绘画只有一种需求：好看。不管是看起来舒心的女神，还是令人心定的静物，没有人想在家看到有点瘆人的《美丽的费隆妮叶夫人》。那时达·芬奇已经进入了"神秘微笑"时期，开始在人物的嘴角、眼角抹上阴影，好让全世界人都猜不出她们的笑是轻蔑还是真心。琢磨对方表情背后含义的本能让我们无法自控地被这类脸庞吸引，然后心情焦躁。达·芬奇涉及神秘表情的晚期作品基本都在卢浮宫。"她正斜眼看着我，但我无法确定她的真心"，这几幅图哪怕出现在书籍封面，都让人想把它翻个面

◀《圣家族》，拉斐尔，此作品为法国
国王弗朗索瓦一世而作，卢浮宫馆藏。

◀《美丽的费隆妮叶夫人》，达·芬奇，
1490 — 1496 年

▲《大卫》

▲《被缚的奴隶》

盖上。只有拿破仑这样真正的强者才敢把《蒙娜丽莎》原作挂卧室 4 年，可能是想每次起夜都能训练胆略吧。

而米开朗基罗则陶醉于自己的痛苦之中，《被缚的奴隶》是1513 年的作品，已看不见《大卫》那种确定与自信，身体姿势扭曲到极致，厚重的肌肉群让他看起来更像一个正处比赛高潮的健美先生。那时米开朗基罗刚完成伟大的西斯廷穹顶，进入了声望的高峰，但很奇怪，老米开始和自己拧巴，时时与痛苦相伴，看他任何成熟期作品时只要配上贝多芬的《命运》就对了。看着那些未完成部分的粗砺痕迹，我们就能想象一个富裕的著名艺术家，故意破衣烂衫，

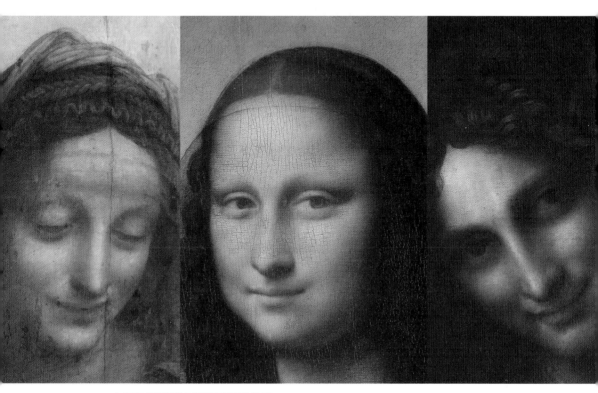

▲ 三幅卢浮宫藏品都拥有神秘的微笑

紧锁双眉，无数次用凿子怼石头。奴隶系列本来是为教皇尤里乌斯二世陵墓所作，一份米开朗基罗人生中最纠结的合同，让他几乎做了一辈子。姑且不提教皇是否需要一群裸身男子扭在他的坟前，老米虽然桀骜不驯怼客户，但活做得慢是因为合同老是被客户修改，而达·芬奇则是用客户的钱尽情试错。

　　现世中能得到达·芬奇完成的作品的客户太幸运了，让达·芬奇画西斯廷教堂，可能真要 500 年。你看法王弗朗索瓦多智慧，请大师把拖稿作品全部带来法国，大师驾鹤的瞬间，注定了卢浮宫拥有了达·芬奇最重要的那些作品。

总之，我们在拉斐尔前微笑，米开朗基罗前！！，达·芬奇前？？？。

正是达·芬奇让我们产生的这些问号让艺术这件事情变得更有深度，达·芬奇手稿上不可思议的计划与机械，就像马斯克要让人类移民火星，暂且不去考虑完成度，达·芬奇至少让"艺术家"这三个字的份量更重了。拉斐尔那幅《圣家族》是工作室的作品，大概有他六七成的水平。这可是教皇委托送给法国王后的订单，拉斐尔只需发挥7成就能满足欧洲最挑剔的目光，是真正的成功者。但如果全世界最伟大的艺术家是拉斐尔，可能艺术整体重要性会下降。

因为达·芬奇本人的复杂性与跨界，让围绕《蒙娜丽莎》的研究越来越复杂，而《圣家族》可能过一阵子就会被研究殆尽。用当代角度看，《蒙娜丽莎》这幅小小的木版画拥有全世界艺术中最大的"数据量"，无数的专家、粉丝和致敬的艺术家造就了这个每天飞速增长的"数据库"。这些数据也会随着传播印入每个人的脑中。哪怕原作消失，哪怕再过500年，也难有作品能超过它吧。

▲ 达·芬奇说："绘画乃精神之事（ Pittura cosa mentale ）。"这是他打完草稿就不愿再画的借口，因为对他来说创作已经完结。多亏他强烈的好奇心，让艺术这个圈更大了。

④ 当达·芬奇遇见经变画

　　如果达·芬奇来敦煌，他一定会为东方的神奇而着迷，在本子上记录沙尘暴中的绝望与风中黄沙的线条，把残留的汉长城想象成一尾神秘的生物，观察沙生织物根茎的特点来解释蜥蜴的爬行路线。

▲ 达·芬奇植物手稿

▲ 217 窟《观无量寿经变》

在这里，他终于可以逃离催稿的代理人，摆脱拉斐尔和米开朗基罗。艺术圈已经被那两个人占据，罗马也早已没有神秘之处。走进莫高窟，在众多形式的绘画中，他大概会喜欢上一种"数据量"极大的绘画形式——经变画。

走到 217 窟内的《观无量寿经变》前，巨大的变化出现了，早

◀《最后的晚餐》修复前的样子，
约 1970 年

期的壁画会在一面墙上表现好几个内容，到了唐朝，很可能就是从
220 窟开始，一整面就是一铺画，说一个内容：净土。还有更核心的
区别：透视出现了。唐朝开始的净土系经变画开始变得立体，好像
在邀请你入画。布满 427 窟全窟的千佛让人极其震撼，但在视觉上
的信息量远不及唐朝的经变画。

　　当达·芬奇来到石窟，大概首先会惊讶于壁画在千年后还保存
得如此完好，他应该还会想起自己因为实验颜料而彻底搞砸的大型
史诗壁画《安吉里之战》和已经大片剥落的《最后的晚餐》。没关系，
怪就怪意大利潮湿的地中海气候吧。《绘画论》中，达·芬奇花了
很多笔墨来说透视，经变画中俯视、仰视、平视同时存在的做法可
能会让他眼花缭乱，就像看到塞尚的作品那样。

　　达·芬奇曾说"绘画要包罗整个世界⋯⋯ 一个除了人像就不会
画其他的画师太可怜了。"

　　经变画对画师要求更高了，人物和复杂的构图自不用说，山水、
动物、静物、建筑、装饰，全都擅长，才能画好一整面墙。下方画
面中央是乐舞场景，俯视角度，更接近俗世的地方，有点像净土的
入口。迎接我们的是 12 人的豪华乐队，还有舞池中央的两位舞伎。
217 窟的这位艺术家可能去参观过最著名的翟家 220 窟吧，他铆足了
劲想创新。

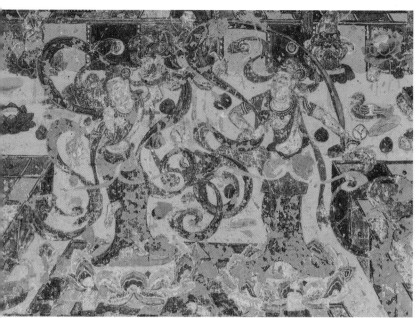

▲ 217 窟《观无量寿经变》中舞者

　　220 窟整体非常优雅，但和盛唐的 217 窟比有些"清淡"，在乐舞图上也有这种感觉。220 窟著名的 6 个舞者姿态优美动感，但看久了就会明白她们在舞动之时依然有所收敛，保持了一种古典感，两人对称的姿势、对视的眼神、保持的距离和宽广的舞台也加强了这种效果。

　　217 窟的画家笔下的舞蹈明显更"野"，两位舞者采用了少有的不对称姿势，看她们的眼神就知道两人正在斗舞（battle），是竞争的关系，右边这位显得更高的，更具攻击性。再仔细一看，她们两人所在的舞池很窄，还位于水上，不但如此，画师还让她们站上莲台，右边的莲台都快掉出去了，至近的距离让两人的长巾在空中碰撞，好像中音谱号和高音谱号交缠在一起。相信这幅画面的背景音乐也比 220 窟更随性和强烈，这没什么奇怪的，唐朝十部乐中八部都是

▲ 220 窟壁画中的舞者

外国的。相比古典，爱嘻哈的年轻人可能更多，不是吗？ 217 窟的画家听从了自己内心的节奏，节奏的形状就是长巾相交的样子。

乐舞部分达·芬奇最熟悉不过了，他以前歌喉动人，也是里拉琴的高手，有金主赞助后策划过很多宫廷娱乐活动，那时欧洲人眼中的东方，就是唐朝经变画中这般装饰华丽的异域。

要读懂 217 窟《观无量寿经变》中间的净土庄严对达·芬奇来说也是小菜一碟，他第一眼就能认出图中最重要的人，因为他有与众不同的背光和华盖，以最大的篇幅占据了最重要的位置，安杰利科《最后的审判》中的耶稣不也是吗？ 在今天，这样的站位叫 C 位。身边菩萨圆形的头光代表了他神圣的身份，西方圣人亦然，只是到了文艺复兴时期，厚重实心的饼状光环变成了细细的金色圆环。

达·芬奇甚至不愿意画这些必须有的宗教象征物，卢浮宫的《岩

◀ 220 窟壁画中
的舞者

◀ 217 窟壁画中
的舞者

◀ 达·芬奇手稿
中的舞者

▲《岩间圣母》，1483—1493 年，卢浮宫收藏　　▲《岩间圣母》，1491—1508 年，英国国家美术馆收藏

间圣母》中 4 个圣人 0 个光圈，遭到了教堂的退货，达·芬奇愤而把他卖给识货的人，再叫学生"草草地"重画了张正确版本了事，第二张在英国国家美术馆（National Gallery of London）。当然，不画光圈只是达·芬奇与合同背道而驰的诸多"劣迹"中的一件。笑着问哪个版本的《岩间圣母》好，是最快惹毛英国国家美术馆员工的方法。2011 年，在英国国家美术馆完成对画作的修复与清洁后，两幅画在大展中面对面亮相。

　　让我们从达·芬奇的奇思妙想中回来，《观无量寿经变》的

▲ 上：《最后的审判》，安杰利科，文艺复兴早期作品；下：217窟《观无量寿经变》

中间部分用最重笔墨描绘了人们向往的美好后世，那里没有纷争和痛苦。《最后的审判》中也描绘了耶稣右手边善人升入天堂的景象，但不同之处也很明显：耶稣左手边可是地狱。妖魔、地府等恐怖场景是唐朝民众不愿意看到的，连修行方式都变得"方便"，窟内几乎找不到早期的那些鬼怪与残忍的故事了。他们更愿意看到净土的美丽，用一整面墙描绘，主尊佛像的施无畏印是在迎接信众，他并没有要再次降临审判谁。同样的来世主题，《最后的审判》中的那半地狱甚至能说是中西方思维中最大的区别，西方一心追求极致，哪怕到地狱的尽头。卢浮宫中有太多的痛苦场景，而敦煌到唐朝后基本是一片灿烂。

抬头看飞天吧，217 窟的飞天们有很长的天衣，身边有些不鼓自鸣的神奇乐器。这些美丽的弧线让整幅经变画风动了起来，天宫楼阁看起来非常清凉。对飞行情有独钟的科学信徒达·芬奇，在最早的作品《受胎告知》中就给予了天使逼真的翅膀，他甚至画出了那些羽毛上的微妙反光。他在博览群书后设计了各种飞行装置，但一定想不

▲《受胎告知》局部，达·芬奇，1472—1476 年

到能在敦煌看到用飘带飞的。

"飞天与天使职能相仿，飞行原理不同，是净土气流的原因吗？"达·芬奇速写了一张飞天后，如是写道。

当然，最吸引达·芬奇的可能就是唐朝经变画本身，把大量宗教经典的内容用不同的透视有机地布局在一张大幅画面上。《最后

▲《观无量寿经变》中的三种透视

的晚餐》中可只描绘了《圣经》中的一个场景。用一张纸，三种视角，画出整本《圣经》？这作为一道艺术智力题，值得达·芬奇研究很久。

　　产生了这个令人激动的想法后，达·芬奇可能对洞窟中的彩塑就完全提不起劲了。这很正常，217 窟的彩塑是清代重修的，早已找不到任何唐风，而且达·芬奇真的很讨厌雕塑，因为雕塑被石头这种材质束缚了。

　　"雕塑属于一种简单的表现，要求付出的心思少于绘画，像面包师傅，住处肮脏不堪，很吵。"

哪怕是米开朗基罗，也只能画出《最后的审判》，绝对雕不出等大的。达·芬奇只需要一张纸，就能创造出所有幻想中的事物，甚至画出整个世界。那些最有想象力的巨匠都向往如"造世主"那般创造自己的世界，让众人沉浸其中。217窟的画家把洞穴变成了净土，宫崎骏用纸笔创造了吉卜力。卡梅隆为了拍《泰坦尼克号》造出了半艘船，但这半艘复制品是一件被重力束缚的雕塑，下一部他不是开始用更自由的CG（计算机动画）拍《阿凡达》了吗？拥有大量的实物只会让人看起来像"皇帝"。如果将米开朗基罗比喻为雕塑丛中的"暴君"，达·芬奇则更像游荡在思想旷野中的"救世主"，用无数的手稿为我们留下谜之世界。

"绘画的神奇特性使画家的精神转变成上帝映像……"

当然，这句话也可以用在敦煌画师身上。

▲ 达·芬奇晚年手稿，左边为沉思的老人，右边为水流的研究图

5 "小恶魔"萨莱与超越性别的美

让我们继续待在奇思妙想中。达·芬奇站在净土经变画前的心情，可能和他看到《最后的审判》的心情差不多，因为他根本不信轮回，甚至没有对坟墓提出任何要求。尼采说他是唯一有超越基督教视野的人。达·芬奇当然超越了，他本来就精彩的人生，在人红后是非更多。500多年前在佛罗伦萨的流言蜚语，至今依然在好事者之间流传："听说达·芬奇貌似无法欣赏女性的美，好像还做了很多奇怪的实验……"

达·芬奇当然能画出最美的女性，但这只是个开始，从来不是目标。拉斐尔的圣母肯定美丽，全欧洲人趋之若鹜，但对达·芬奇

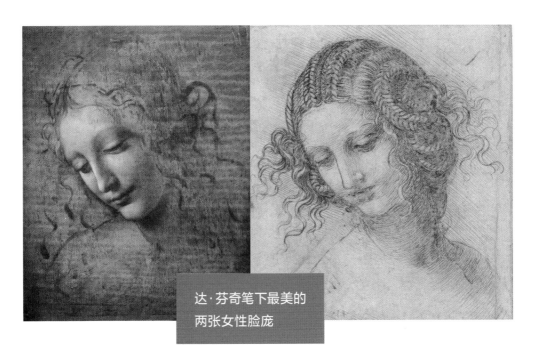

达·芬奇笔下最美的
两张女性脸庞

来说可能过于简单，略感俗气，师兄波提切利更是他在小本本上笔伐多次的对象。

如何用一张脸庞造就无数谜题呢？表情用晕涂法所笼罩的"似笑非笑"，至于样貌当然就是"雌雄莫辨"了。干脆说得简单点吧，萨莱的脸。萨莱，一个穷困农民的孩子，是达·芬奇38岁在米兰时期收的仆人也是学生。达·芬奇的笔记大多是实验和论证用的，不太提私事，但有关萨莱的又多又精彩。

"我给他两件衬衫、长袜和皮衣，我准备付账的时候，他把钱偷走了。"

"萨莱吃了两份晚饭，干了四件坏事。"

"今天我给了萨莱3达克特金币，他说想要一双镶边的玫瑰色长袜。"

这些行为好像都在履行他萨莱这个绰号的本来含义——小恶魔。

▲《施洗者圣约翰》的光学扫描图像

▶ 左：韦罗基奥《大卫》传
以达·芬奇为模特
右：达·芬奇手稿中的萨莱

◀ 左：奈良美智笔下少女
右：达·芬奇手稿中的萨莱

他不但恶，还很美。我们在达·芬奇人生中最后一幅油画——卢浮宫的《施洗者圣约翰》里就能见到萨莱的样子。这是一幅很"斜"的画，萨莱歪着头，扭着身体和手臂；这也是一幅很"邪"的画，人物在纯黑的虚空中，邪魅的微笑和肉感的身体没有提起一丝虔诚之心。很明显，"施洗者圣约翰"只是写在此作品合同上的字符而已。

在手稿中，我们也能一直和萨莱这位让大师爱恨交加的人见面。达·芬奇在他身上到底看到了什么，可以让达·芬奇愿意将自己的衣服与他的衣服放在一个箱子，可以让他披着自己从前华丽的披风招摇过市。达·芬奇年轻的时候优雅帅气，老师以他为模特塑造了一座大卫像，发现了吗？这张脸和萨莱几乎一样。达·芬奇在《绘画论》中语重心长地告诫同行："画家最大的缺点，是把大多数的面孔画得像他们的作者……我知道有些人所画的一切人物仿佛都是些自画像。"

他也悟出了这一缺点形成的原因，大概是这样的意思：既然画家的灵魂塑造出了自己肉身的样貌，那由灵魂主导绘画，又有什么理由不像自己的样子呢。萨莱就是年轻时的达·芬奇，永远回不去的时代，而画家永远无法像萨莱这样忠于自己的欲望而活。萨莱也是每个人心中的小恶魔，儿时的恶会被美化成调皮，长大后，只能将这份恶深藏于心了。有位人见人爱的艺术家用最简单的技法画出了当代的萨莱，没人看不懂他的画，那人叫奈良美智。

▲ 达·芬奇晚期手稿

出于对萨莱的宠爱，来到莫高窟的达·芬奇应该对菩萨的形象很感兴趣，菩萨的美不也超越了性别吗？

▲《雅典学院》中的达·芬奇   ▲《施洗者圣约翰》局部

　　手稿中，达·芬奇让年老的自己看着萨莱，他和萨莱已融合在一起，上面写道："享乐和痛苦就像孪生子，因为他们互相依存。"达·芬奇老了，萨莱依然美丽，达·芬奇去世后，萨莱在决斗中被弓弩射死。萨莱的母亲和达·芬奇的母亲一样，都叫凯瑟琳。

　　在《雅典学院》里，拉斐尔画出了世人眼中的达·芬奇，他扮成了柏拉图，在人群中正手指向蔚蓝的天空；在《施洗者圣约翰》里，

▲ 220 窟文殊菩萨的不二法门手印　　▲ 达·芬奇《施洗者圣约翰》中的手指

萨莱独处黑暗之中，反手指向了快要消失的十字架，指向了虚无。

送一句达·芬奇的话给在敦煌石窟创作的那些无名大师：

"小的房间或住所会激发心灵，大的则会使精神迷失。"

送一个手势给纠结终生的达·芬奇——"不二法门的手印"，所谓"不二"，就是对一切现象不加区别，或者超越区别。

6 发现莫高窟中的自画像

让我们从奇思妙想中回来。217 窟的艺术家创造了很多敦煌艺术中独一无二的画面，窟中有一幅几乎独立存在的青绿山水图，龛边大势至菩萨身上衣纹的华丽程度也应该是莫高窟中屈指可数的。

可惜我们依然不知道这位画家是谁，长啥样。

说到达·芬奇，大家脑中就会浮现一个老哲学家的形象，但这幅最著名的"自画像"存在争议，他甚至很少在自己的作品上签名。

达·芬奇的自画像都是学者研究出来的，过几年就会诞生一幅新的"疑似自画像"，其中夹杂了人们想要看到这位大师的愿望，和我们关注偶像微博一样。达·芬奇早期的一幅未完成的名作叫《三博士来朝》，可能是当时构图最复杂的一幅作品。有好几幅草稿存世，看着一幅幅草稿我们就知道他是个化简单为复杂的奇才。狂乱的人群像要被黑洞吸入那样，有几个人则真的"融化"了。

在这群鬼影中如果有一位是达·芬奇，你会选谁？作画当时，他年方三十，很帅气，众所周知，他放荡不羁爱自由。凡人都虔诚地涌向圣母，只有一个人站在画作右边角落，看向虚无，仿佛要抽身离开。美丽的卷发配上深邃的眼神，嗯，就是他了。那位发现这幅自画像的专家安杰洛·帕拉蒂科

▲ 上：《青绿山水图》
下： 大势至菩萨的华丽衣纹

▲ 传为达·芬奇自画像

▲《三博士来朝》，达·芬奇，未上色作品

▼《列奥纳多·达·芬奇——迷失于文艺复兴意大利的中国士大夫》

▲《三博士来朝》局部

（Angelo Paratico）先生指出了达·芬奇母亲是中国人的可能性。既然大家都说蒙娜丽莎背后疑似中国山水画，且蒙娜丽莎长得又和"疑似自画像"很像，那蒙娜丽莎为什么不可能是达·芬奇的中国妈呢？帕拉蒂科先生更为人知的职业是小说家，最新著作名为《列奥纳多·达·芬奇——迷失于文艺复兴意大利的中国士大夫》。顺便一提，每过几年都会诞生一幅新的"疑似自画像"，这种魔法可比点石成金高级多了。

与拥有 N 个"疑似本尊"的达·芬奇不同，要在莫高窟中找到真正意义上的画师自画像几乎是不可能的，因为中国古代画家本来就没有画下自己相貌的习惯。

自画像被视为文艺复兴时期艺术家地位提高与自我觉醒的表现，

▲ 丢勒的三幅自画像，从左至右为从青年到壮年

卢浮宫中丢勒 22 岁时的自画像就是典型。刚刚完成绘画学业的他，在欧洲北方游历，就和所有刚到大城市的年轻人一样，买套最拉风的劲装，戴着大红帽，照着廉价的镜子，画下自己的相貌。没过几年，等丢勒到了真正的时尚之都威尼斯后就为自己以前的轻浮打扮感到尴尬了，他换了套干练的黑白套装，签下了自己的 logo：AD。这个 logo 将出现在他每幅畅销欧洲的版画上，包括那幅《犀牛》。

等到世纪之交，丢勒已把自己画成救世主的样子，用美丽的拉丁语写下：我，纽伦堡的丢勒，在我二十八岁这年，用永恒的色彩，画下了我自己。

句中有非常多的"我"，正如李白的"我歌月徘徊，我舞影零乱"。

217 窟经变画整体模式上的创新更可能来源于窟主与僧人。那

些次要场景和角落才是画师自由发挥的空间，比如
之前提到的两位舞姬长巾交错的部分。画上有几处
重要的"自我表达"，也就是修改痕迹，这在莫高
窟很少见。重要地方的修改可能是客户不满意，小
地方的修改则更可能是艺术家对自己的要求——他
没把绘制看作苟且的工作。达·芬奇的《救世主》
在大拇指处被发现有隐藏的修改痕迹（pentimento），
这也成为确认其为原作的最重要证据之一，之后这
幅画成了世界上最贵的艺术品，价值约30亿人民币，
"这个修改可是达·芬奇意志与思想的体现"。

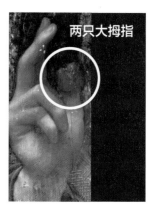

▲ 达·芬奇的《救世主》局部

　　在敦煌石窟的壁画中是否也可能留有画师的"自画像"呢？在
217窟的盛唐时期，净土信仰进一步流行与世俗化，人们相信净土不
但真实存在，而且还是"凡圣同往"。画师知道自己的绘制工作是在
积累功德，而且也有进入净土的可能性，他心里有想去净土、把自己
形象留在画上的想法应该算合理吧。当然，他不可能把自己的形象放
在主要位置，或画成佛和菩萨，一是不敬，二来估计也会被窟里同行
举报。在《观无量寿经变》这幅经变画中没有头光的人物其实不多，
他也应该不会像杜尚那样转变性格，把自己画成乐手和舞女。这样的
话只有一个可能了：一个身在钟楼的比丘，我们就简单称他为和尚吧。

　　这真的是绝妙的位置，远离下方丝竹之乱耳，也没有靠主尊太近。
八座角楼中，画家选了最特别的一栋作为自己净土的居所。这是唯
一一间开放式的屋子，应该是在现实中的土屋待太久了，因而更向
往通透清凉的环境。地板下的装饰图案是椭圆形，而不是其他楼阁
的尖刺形，毕竟没人想脚下踩钉。很明显，他怕寂寞，在底下开了
个门，万一来了好友能上楼共饮。就算不来，也可以敲钟吸引注意，
确切地说，吸引那位飞天的注意。

▲ 217窟《观无量寿经变》中的天宫楼阁　　　　▲ 217窟《观无量寿经变》楼阁
　　　　　　　　　　　　　　　　　　　　　　中的敲钟和尚

　　而飞天呢？她竟然从钟楼内部穿过，还拐了个弯，天衣美丽的彩带从和尚的脑袋上拂过，几根在柱前，还有两根在柱后。最重要的是，他在看她，微微抬着头，她也调皮地张开了双臂。毫无疑问，在所有飞天之中，这身被画得最仔细。相比现实，这里真是一个完美的理想世界，身处清凉的楼阁，楼下有宝树成荫，身边飞舞着自动演奏的乐器，手拿钟杵的他不但有一份重要的职业，还有佳人相伴。知道了这些特殊之处后，再看整幅经变画，有没有感觉左上方和尚待的地方在闪闪发光？这幅画的左边还发生了一件奇妙的事，本来主尊阿弥陀佛身边分别应有观音和大势至菩萨，但本该在左边的大势至菩萨变成了观音，头上和对面一样戴着化佛宝冠，而不是宝瓶冠，手上则拿着一件透明的器皿。可能是窟主或者画师很喜欢孩子的原因吧，这幅画中隐藏着许多肉嘟嘟的小孩，毕竟观音能送子嘛。

　　都走到这一步了，何不像瓦萨利那样把艺术家的故事说圆说精彩呢？画家一定知道到达净土世界有个过程，刚开始谁都是从莲花中化生的童子。我们只需顺着钟楼往下观察，有一佛二菩萨，他们的身前有两位童子，两个孩子刚从七宝莲池中走到此地。

217窟《观无量寿经变》局部

很可能这就是他和她的故事之开端，至于两人故事的结局，我们只要往右方对称画面中细寻就能找到。那是一座经楼，楼底下依然是那一佛二菩萨，和尚孤身一人走向他们，仔细一看，他已拥有头光，成了一位真正的佛弟子。这就是人生的三个阶段，斯芬克斯的谜题，哲学的三问，从佛这里出发，人生在楼阁上达到巅峰，最终再回到佛身边去。

217窟的画家在作品中流露出了自我与艺术家性格，有创新，有改动，有两位观音的谜题。右侧的《十六观》部分还因为开头部分画得太大、太用心，造成尾端空间不够，画家只好把很多内容塞在一起。这些都造成了这幅画的与众不同，但最重要的是，这幅经变画对得起"杰作"二字，这位画家是真正的无名大师。无论画中唯一的和尚是不是他的自画像或是"自我意象的再现"，画家都已成功引起了我们的思考，燃起想了解他的愿望，也让我们用前所未有的角度看了一遍作品。

弗洛伊德在他那篇《达·芬奇的童年回忆》中从卢浮宫那幅《圣

母子与圣安娜》解读出达·芬奇的整个人生，精彩程度堪比 Netflix
的原创剧。如果弗洛伊德发现 217 窟这幅画左右两边的原生家庭并
且了解相关故事《未生怨》与《十六观》，他应该会嘴角上扬："这
两幅画充分说明了俄狄浦斯情结的普世性，左边"囚禁父亲"处下
方两排士兵的对峙表达了内心永恒的矛盾，右侧母亲形象的理想化
再现与一次次的重复，直接表明了画家的择偶倾向。画家把他弑父
娶母的潜意识留在了千年前的作品中。"

　　**能长期吸引新的评论与再创造，是艺术融入每个人心中的路径，
也是"达·芬奇神话"经久不衰的秘密。李白能成为流行文化的一部分，
不但因为李白水平本来就高，那些关于他古已有之的八卦传说，杜
甫的单相思，还有人们对"床前明月光"的大胆改编和各种表情包，
最终让他成了国民级人见人爱的大艺术家。**

▲《未生怨》　　▲《十六观》

拉斐尔与敦煌的美人们

拉斐尔早就不流行了。他的故事和达·芬奇比根本撑不起上一章的篇幅，当然达·芬奇也不知道自己那些私密害羞的手稿会在多年以后被大家用超高清图片形式传播。拉斐尔不流行的原因很简单——他太完美。

1 完美的"过时"

"完美"两个字在互联网时代早已破产，充满了讽刺意味。就连明星都很少会拿吃力不讨好的"完美"作为人设，毕竟这是把双刃剑，万一哪天说错个字，全网讨伐的时候定会罪加一等。再说了，有点缺点才招人怜爱，有反差才"萌"，不是吗？刘德华和木村拓哉的完美都属于前互联网时代，放在现在，太难复制。

拉斐尔在艺术史上的处境就像两尊过气的雕塑：《美第奇的维纳斯》与《观景殿的阿波罗》。大家都知道《断臂维纳斯》取代了《美第奇的维纳斯》，《观景殿的阿波罗》真说不清有什么不好，温克尔曼也说它在所有的古代艺术作品当中最为崇高，但同在观景殿的那块躯干看起来就是比它性感，因而胜出。拉斐尔正是观景殿

▲《观景殿的阿波罗》   ▲《观景殿的躯干》（Belvedere Torso）

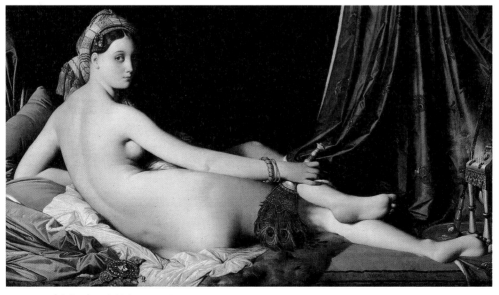

▲《大宫女》，安格尔，1814 年

阿波罗的崇拜者，很巧，两位男神的人气也都在300年后同时逝去了。可能理性、完美这些品质在激荡的现代并没有立足之地和传播属性。

我们从卢浮宫中安格尔的作品就能看出端倪，他是忠诚的拉斐尔信徒，皇家美院院士。看看这幅《大宫女》，安格尔完美继承了拉斐尔笔下女性的脸庞，画上的一切都能用温和柔美来形容，根本不会让人看见不检点或者粗犷的笔触。但就像当时法国那股躁动的革命力量，有只无形的手把这位可怜宫女的脊椎拉长，她的腿部和臀部也被压得变形。

安格尔还在路易·大卫（Louis David）工作室时就开始不由自主地在拉斐尔的"完美"中夹带私货：一开始是让人体某些部位变形，到晚年，憋太久的处女座欲望直接喷涌而出。拉斐尔看到卢浮宫这幅《土耳其浴室》定会退避三舍，它没有一丝文艺复兴的理性，无

▲《土耳其浴室》，安格尔，1862—1863 年

▲《大浴女》，塞尚，1898—1905 年

▲《亚维农的少女》，毕加索，1907 年

数变形的身体被造作地塞进密室，还赠送了每位观者一个锁孔偷窥的视角，连本该是法兰西最保守的卫道者都背叛拉斐尔了。因为《土耳其浴室》的展出，那些全巴黎最"浪"的艺术家备受鼓舞，毕加索和塞尚那两幅里程碑式作品都受其影响。

安格尔去世后，就是现代画派的天下了。学院派成为所有大师年轻时必将战胜的"弱小敌人"，也成为迂腐落后的象征。凡·高在麦田上，打响了"无痛苦不艺术"的那一枪，随后蒙克、波洛克、罗斯科、培根等人前赴后继地再现"凡·高模式"。在这种消减生命而成的作品面前，完美显得很单薄，甚至有点懒惰。走进现当代艺术博物馆，令人震撼或是令人迷惑的作品风格似乎成了主流，当然这也是为什么很多人不喜欢或看不懂当代艺术的原因。

总之，太完美的艺术，不觉得有些俗气吗？

凡·高、蒙克、培根的作品都带有易懂的忧郁与绝望，蒙克与培根都是凡·高的粉丝

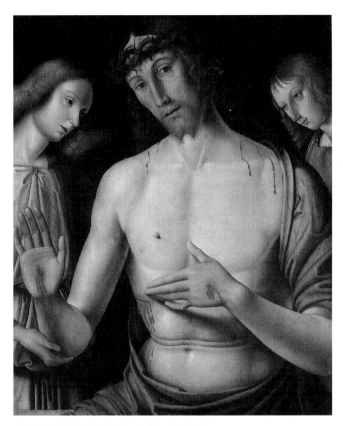

▲《耶稣与天使》，乔万尼·桑提，1490 年

拉斐尔的爸爸不觉得。

乔万尼·桑提（Giovanni Santi）作为一间成功画室的老板，他更注重客户的需求，而不是自己才华的显露。无论以 500 年前瓦萨利的眼光，还是以现在的眼光看，他的作品离完美都有些距离，不过他有足够的品位与资源来培养出一个拉斐尔。拉斐尔的家乡乌尔比诺公国，在当时正处于黄金年代，领主造起了不逊于梵蒂冈的图书馆，邀请了来自四面八方的文人和艺术家前来，拉斐尔父亲就是这华丽宫廷中的一分子，受到领主的赞助并为领主写传记。

拉斐尔从小就受乌尔比诺的文化熏陶，这种文化基调是理性厚

▲《理想的城市》，15 世纪末

▲《受胎告知》，拉斐尔，1502—1504 年

重的，我们只要看当时的著名绘画就能感受到。以下这幅作者成谜
的画描绘了《理想中的城市》，左右两边的房子被切得像复古蛋糕
般整齐对称，美丽的希腊柱子很明显是装饰品，主宰城市的是古罗
马混凝土的厚重。整洁敞亮的广场是各阶级人们交流的公共空间，
中间大殿上方的十字架小到看不见。这幅画告诉我们，那时的画家
早已驾驭透视技巧与古代建筑技术，但我们也能猜得出，出现在这
过于规整的城市中的人可能会有些呆板。拉斐尔早期的绘画也是如
此，完全对称的建筑中，圣母和大天使散发着冰箱贴一般的安定感。

　　一个年轻人继承了自己家乡、自己父亲的画风，这件事情无可
厚非。正如瓦萨利写的，拉斐尔父亲桑提作为艺术家有些平庸，但
是在去世前，他把拉斐尔托付给了他最敬重的一位艺术家——佩鲁

▲ 桑提把拉斐尔介绍给佩鲁吉诺

吉诺。后者在坚硬的翁布里亚（Umbria）画派中以人物甜美闻名，现在又作为拉斐尔的老师闻名。桑提在自己的著作中写道："达·芬奇和佩鲁吉诺，两位年轻人年龄相仿、资质相近。" 现在桑提肯定会为这句话感到羞愧，但当时，米开朗基罗和拉斐尔都还未出师，佩鲁吉诺就是"完美"二字的代表。

卢浮宫中有一幅佩鲁吉诺画的《圣塞巴斯蒂安》，背景依然是对称的建筑，画面正中间有根圆柱，上面绑着这位殉教的罗马军人。这是一位在美术馆中能常遇见的美男子，即使到现在也一直能在流行文化中见到对这位圣人的致敬。佩鲁吉诺笔下的圣人摆出了古希腊的对立平衡姿势，肌肉和肌肉上的光都很柔和，一头金色卷发，一张打着腮红的鹅蛋脸已经面向天空，看着自己要去的地方。拉斐尔也画过《圣塞巴斯蒂安》，承载腮红的巨大腮帮，柔和的颜色与光线，

▲《圣塞巴斯蒂安》，拉斐尔，1501—1502 年　　▲《圣塞巴斯蒂安》，佩鲁吉诺，1495 年

背景中的自然风光，这些都是佩鲁吉诺构成甜美画风的独门技巧，拉斐尔在最早的作品中已经全部学会了。瓦萨利表示两人的作品早就难以分辨了。

拉斐尔轻松模仿，还能轻松超越。

佩鲁吉诺有一幅著名的教堂祭坛画 ——《圣母的婚礼》，描绘了圣母在所罗门神殿中接受约瑟夫的婚戒。熟悉的味道，背景是超对称建筑，加上前景的人，如果这幅画印在蛋糕上，任何人都知道要从哪里一切为二。约瑟夫和玛利亚两人袍子的形状和站姿都完全对称。左边约瑟夫侧的人都戴着犹太风情的帽子，右侧圣母身后 6 位女性

▲《圣母的婚礼》，佩鲁吉诺，1500—1504 年

拥有几乎完全一样的脸。佩鲁吉诺应该是认真地创作了这幅画，毕竟画中圣母的这枚婚戒就供奉在这个教堂中，而且这次创作无疑会让他想起20年前在梵蒂冈画西斯廷教堂的光辉岁月，那时自己也用了同样的超对称构图。

不久之后，拉斐尔也接到了同样主题的订单，客户的需求显而易见："和佩鲁吉诺先生那幅一样即可。"很可惜，两幅画从很远的距离看过去就显得不一样了：拉斐尔这幅有更大的天空与自然，神殿不再像山峰那样压着众人，留给了人们自由空间。圆圆的神殿与宽阔的广场，拉斐尔记忆中那幅《理想的城市》呈现在画面上方。前景的人群更像是在参加舞会，我们只要看人们各不相同的脚步就知道了，有种轻松的跃动感。连正中的拉比都歪着头，脸上带着祝福的微笑。这些都是佩鲁吉诺作品中没有的。

拉斐尔删去了画面中所有略显奇怪的异域头饰，还让约瑟夫看起来像个忧郁的帅哥，而不是老师笔下发量堪忧的爷爷。前方5个人形成了半个圈，好像在欢迎观者入画，左右两组人之间明显有暖

▲《交付天堂钥匙》，佩鲁吉诺，1481—1482年，壁画在米开朗基罗天顶画的下方

昧的眼神互动。拉斐尔是应该超过他老师了，毕竟那时米开朗基罗
已经雕出了《圣母痛子》，达·芬奇也完成了《最后的晚餐》。要
是让达·芬奇看到这幅拉斐尔的《圣母的婚礼》，他定能挑出大堆
毛病：简陋的光影，单一的人设，解剖学的缺失，一切仍有些僵硬。
毕竟，超越了"完美"的佩鲁吉诺，并不意味着离达·芬奇就很近了。

▲《圣母的婚礼》，拉斐尔，1504 年

② 飞天：属于敦煌的轻快感

在敦煌石窟中，也存在拉斐尔式的轻快感，比如大家喜闻乐见的飞天。飞天源自印度神话，是比佛教更古老的婆罗门教中的次级神，佛教吸纳了很多古老宗教的人物，飞天就是其中之一。飞天的工作是在佛祖说法时奏乐散花，烘托现场气氛，增加画面张力。同样惹人喜爱的配角还有基督教中的小天使，希腊神话中的丘比特与宁芙（Nymph），NBA 球场上翻着跟头的啦啦队队员。

敦煌早期飞天和我们想象中的形象相去甚远。莫高窟建于 366 年，现在留存最早的是北凉时期的洞窟，那时窟中已经有飞天了。这些飞天一看就是炎热之地的宾客，赤裸着上身，大鼻子大眼睛，顶着圆圆的头光，对他们来说，礼佛舞蹈的高潮就是突然把身体拗成 V 形。这粗犷的动作来得太突然，看得让人腰部隐隐作痛。当然这种原始感弥足珍贵，也有特别的魅力，就像毕加索最晚期的那些作品。莫高窟每个时代的艺术家好像都肩负着超越上一代、超越隔壁洞窟的使命。

▲ 北凉 272 窟中的飞天　　　▲ 北魏 248 窟中的飞天

到了北魏，"轻快感"出现了。很明显，248窟中的飞天继承了北凉时期的大部分设定，但细看，其实一切都不同了。身材比例更好，头小腿长，眼睛鼻子和手指都更加细致。肚子不再用一个椭圆表示，也不再画令人尴尬的乳晕。裙上的纹饰流动性更强，裙尾分叉更多，身上飘带转折处的粗细对比强烈。这种北凉到北魏的变化，不是达·芬奇或杜尚那种令人不安的颠覆式创新，而是拉斐尔超越佩鲁吉诺的那种舒适的轻快感。这种轻快感不但发生在飞天身上，在主尊、菩萨、装饰、供养人身上都能见到。

敦煌石窟艺术从早期到盛期的演变，就是这种轻快感的持续演进。到了西魏（535—556年），形象终于发生了质变。在249窟的说法图中有左右两对飞天，下方是依然赤裸上身的外来宾客，但上面两位飞天已穿起宽袍大袖的汉服。他们还是摆出了V形姿势，但这舞姿的过渡优雅婉转，再没有硬拗的感觉，连鲜艳的颜色都保留了下来。总之，飞天真的"飞"起来了，身上的飘带已经抽象成表达流动感的线条，裙尾和袖尾也已经图案化成风动的云气了。无独有偶，图中的菩萨个个8头身，把听法听出了T台感，连主尊都把自己的重心微微右移，站得英姿飒爽。

如果把这幅西魏的说法图与拉斐尔早期的《耶稣受难》放在一起，会发觉构图很像。教义、文字有很大区别，但视觉逻辑方面全世界都差不多。对称营造了庄重的仪式感；周围次要人物涌向中心的向心力让中央的主要人物更显重要。拉斐尔画的两个天使好像跳芭蕾舞那样踮在云朵上，不得不说她们身上的飘带和脚底下的两坨云都有些呆滞。

相比之下，西魏说法图中已经汉化的飞天要轻盈多了，毕竟线条是中国绘画的主体。或者说，拉斐尔只是遵循了厚重端庄的审美和出资客户的要求，而要达到"气韵生动"，还需等达·芬奇传授

▲《耶稣受难》，拉斐尔，1502 年

▲ 249 窟《西魏说法图》

他点"魔法"。

　　出钱雇用画家画《西魏说法图》与《耶稣受难》的都是当时的
信徒，西魏的供养人把自己画在说法图底下，拉斐尔那时的出资人
已经开始把自己直接画上作品了——他老家的的领主就出现在当地
一幅著名的圣母像中，如果大家脑海中还能回忆起《雅典学院》，
就会发现拉斐尔从小就受到这幅画的影响。

▲《蒙特菲尔特罗祭坛画》（Piero della Francesca），1472 年，右下角的领主为这幅绘画的出资人，拉斐尔在故乡从小就见到此类绘画。

西魏 285 窟是莫高窟最早的一个有记年的窟，发愿文中确定了建造时间为 538 — 539 年，发愿文左右两侧相向而立的供养人分别穿着胡服和汉服，这预示了西域和中原文化的交融。那时东阳王元荣任瓜州刺史，把中原的流行带到敦煌。在窟中抬头，我们能看到女娲伏羲与雷神电神，佛龛旁有湿婆神等印度教诸神。供养人上方的菩萨已经成了南朝士大夫的样子，这是莫高窟中并不常见的飘逸士大夫菩萨形象，到了隋唐，这些"士大夫"就要变成"贵妇人"了。285 窟可能是图像最多样化的那个窟，不同文化的碰撞，产生了巨大活力。

莫高窟中的"轻快感"在隋朝达到了巅峰，我们从著名的三兔藻井中的飞天就能看得出。和西魏的汉服飞天相比，隋朝的飞天明确了自己女性的样貌，蓬起的裙子更加突显出腰部的曲线。只要隋朝飞天在身旁出现，就会发觉西魏的线条有古朴感和精神性。西魏飞天的飘带是图案性的、抽象的，隋朝的飘带是一根真实的带子，阴影与前后交叉的形态让飘带有了体积感和真实感。这种真实感让隋唐的飞天直接飞入了人间，更易亲近。

▲ 西魏 285 窟

▲ 西魏 249 窟

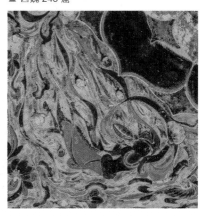
▲ 隋代 407 窟（局部）

▲ 隋代 407 窟，三兔飞天藻井，飞天和兔子都在互相追逐。

隋炀帝年号大业，干什么都风风火火，这样的性格也印在了敦煌。

三十几年间，莫高窟开了七十几个隋朝窟，不但窟中的飞天数量居历代最多，而且从画面上看，其飞行速度大概也是历代最快。天衣在云气和花瓣中真实地飞扬，加长的尾端留出了提速的空间。飞天的数量、色彩与整体动势让很多隋窟看起来眼花缭乱。

隋朝飞天身体与天衣产生的风动，我们也可以在卢浮宫中《胜利女神》（nike of Samothrace）的姿势与裙摆线条上感觉到。卢浮宫这尊胜利女神是西方轻快、速度、前进的象征，无论是劳斯莱斯的车头雕塑，还是耐克的命名都是对她直接的传承与应用。盯着耐克的 logo 看，你会发现，它就是胜利女神整体速度感的当代极简表达：从开端的厚重加速到尾部上升的轻盈。盯着隋朝飞天看，她的姿势已从最早的 V 形成了勾形，而飞天的飘带变得更加写实自然，甚至有正反面的描写。中国艺术中轻快与速度的集大成，可能就是隋朝飞天了，最近也的确看到了国潮品牌的滑板与敦煌飞天联名款，这样的产品在内涵和使用场景上都还原得很酷。

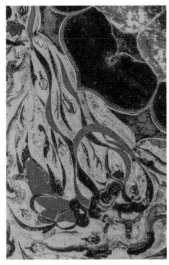

▲ 隋代 407 窟

▲《胜利女神》，公元前 2 世纪（希腊化时期）

③ 简单的完美：拉斐尔的"初唐"

　　莫高窟的艺术在隋朝时期急速中原化,并到达了轻快感的巅峰。
但从艺术的角度，莫高窟最重要的一次蜕变发生于"初唐"——洞
窟艺术从"神的艺术"变为"人的艺术"。

▲ 达·芬奇向年轻的拉斐尔展示《蒙娜丽莎》，传说蒙娜丽莎当模特时需要乐队取悦。

　　类似的飞跃也曾发生在拉斐尔身上，发生在他的佛罗伦萨时期——拉斐尔实现了从画家向画圣的蜕变。

　　乌尔比诺领主的女儿（Giovanna da Montefeltro）把拉斐尔介绍给了佛罗伦萨的首席执政官，拉斐尔从小在老家宫廷中练就的社交能力让他开始名扬于佛罗伦萨的名流圈。最重要的是，他认识了达·芬奇与米开朗基罗，在翡冷翠这弹丸之地，"三杰"到齐了。

　　到佛罗伦萨后，发生了一件重要的事件：拉斐尔进了达·芬奇的画室，并且见到了达·芬奇笔下，甚至是艺术史上最知名的女性，并画下了速写，作品也藏于卢浮宫——没错，她就是丽莎夫人。

　　与达·芬奇不同的是，拉斐尔没有太多时间，但寥寥几笔，他已经得到了所有需要的东西：转了四分之三的身体、手部姿势、大致的光影、转向前方的脸与瞟向我们的眼。

　　光上述这些要素已经能让拉斐尔的肖像焕然一新，而拉斐尔的

▲ 拉斐尔版本的《蒙娜丽莎》：《蒙娜丽莎》速写，拉斐尔，约 1505 年

▲《伊莎贝拉·德·埃斯特肖像》，
达·芬奇，1500 年

▲《圣母子》速写，拉斐尔，1508 年

厉害之处更在于取舍，在世界上最伟大的作品前，他大胆进行了再创作。蒙娜丽莎微笑的秘密已被拉斐尔参透，他在女孩的眼角和嘴角旁加了淡淡的晕染。晕涂法用多了就是造鬼，幸好，拉斐尔只取了达·芬奇三分之一的神秘感，正好。更大的眼睛，漂亮的眉毛，头发披在颈后，露出了脖子。背景中的风景很简单，有建筑有自然，很明显，拉斐尔不想画左右高低不同的山水来故弄玄虚。在这幅速写里，就是一位美丽少女，或者说更接近蒙娜丽莎原来的样子。

　　大家都知道达·芬奇厉害，但很少有人运气好到能得到这位拖延症大师的肖像画，像伊莎贝拉·德·埃斯特（Isabelle d'Este）这样得到一幅草稿都已经算很不错了。但拉斐尔可以完成客户的一切愿望，虽然佛罗伦萨时期的拉斐尔没有接到像另外"二杰"那样的大型公共艺术项目，但是他完成了非常多的私人肖像和圣母像。

　　"达·芬奇感"的肖像对拉斐尔来说太简单了。无论男女，拉

▲ 拉斐尔佛罗伦萨时期肖像画，正是画中
这两位让米开朗基罗画了那幅圆形的《圣
家族》

斐尔的赞助人们都摆出了蒙娜丽莎式的姿势，转头看着"未来的"
观众。这些作品虽不及《蒙娜丽莎》那般有深度，几位权贵的脸上
甚至还留有佩鲁吉诺遗风，但客户更愿意收到这样鲜艳的作品，而
不是那种因过于"神秘"而不敢挂在家里的画像。

▲ 拉斐尔佛罗伦萨时期肖像画

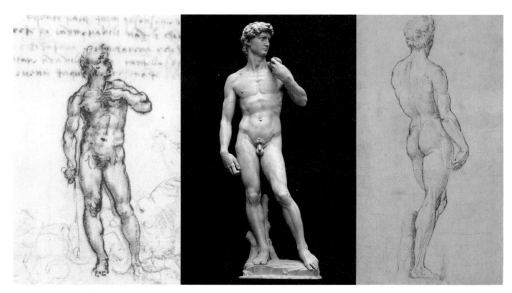

▲ 从左至右依次为达·芬奇、米开朗基罗、拉斐尔三位风格迥异的《大卫》

　　拉斐尔很幸运，他还能见证达·芬奇和米开朗基罗的对决，两位大师对决而迸发出的创造力都成了拉斐尔的食粮。达·芬奇对身体类型的喜好，上一章大家已经很清楚了，当他见到《大卫》，不但投票让这尊过于雄壮的雕塑远离人群，回家后还不忘在日记里吐槽那些肌肉，并将其比喻为袋子里的核桃，甚至还画了一张柔软版的大卫速写。在达·芬奇写的《论绘画》里，他表示，雕塑要比绘画低级，雕塑家就像面包师傅那样灰头土脸。

　　当两位大师"互掐"之时，拉斐尔走到了雕塑的背后，轻松快速地画下了《大卫》不常见的那一面，没有顶天立地的威压感和杀气很重的眼神，就像一个眺望远方的年轻人。

　　之后一次的情况与前一次相反，达·芬奇发布新作轰动了全城，而米开朗基罗用同主题雕塑还以颜色。不变的是，拉斐尔再次从两位前辈这里学走他需要的，小改一下，卖给他富贵的朋友。

　　佛罗伦萨市政府很会营销，准备让两位大师在同一个大厅分别

▲ 达·芬奇《圣家族》
未完成的炭笔画

▶ 米开朗基罗在《圣家族》
发布后"还以颜色"的雕
塑作品

▼ 拉斐尔以《圣家族》为
灵感的草稿与完成作品

！！ 请注意 4 幅作品的婴儿姿势 ！！

▲《梭利圣母》，拉斐尔，1502 年

▲《大公爵圣母》，拉斐尔，1504 年

创作一幅战争主题的大型壁画，并窃喜于这座城市将获得传世佳作和无上荣光。可惜佛罗伦萨低估了米开朗基罗的名气，刚完成壁画草图，他就被教皇召去了梵蒂冈。他们更低估了达·芬奇搞砸项目的能力，和《最后的晚餐》一样，达·芬奇在壁画颜料上的创新一如既往地失败了，市政厅的作品画到一半就开始溶解了。艺术的世纪之战没有打成，但拉斐尔临摹了前辈们的草图，学会了复杂的多人构图和更多的人物设定。至此，拉斐尔实现了绘画技术上质的飞跃，达·芬奇的光影与晕涂法增强了拉斐尔作品的真实与柔和，米开朗基罗雕塑人体的造型与气魄，给拉斐尔日后的大型作品打下了根基。

拉斐尔将他在佛罗伦萨时期吸收的新技能和他的真情，几乎全都倾注到了他的圣母像之中。把《大公爵圣母》和拉斐尔在佩鲁吉诺时期的同主题作品一对比就能明白：前者虽然还有一些老师的影子在，但巨大的腮帮缩小了，圣子不再全是白眼，全黑的背景突出了主角，

▲《金丝雀圣母》局部，拉斐尔，1505—1506 年

沐浴在母子身上的光线微妙而真实，一切的边缘线条都开始模糊。是的，拉斐尔适度取了达·芬奇的神秘。

而到了《金丝雀圣母》，圣母变得越来越可爱，施洗者约翰的卷发和发丝上巨细靡遗的光晕等细节让作品在真实性上得到了质的提升。

拉斐尔在佛罗伦萨时期的最后一幅画就是卢浮宫藏的《美丽的女园丁》，完成的那年他 24 岁，马上就要去罗马完成巨幅作品，马上就要成为拥有 50 个员工的企业老板，进入自己宏大的"盛唐"阶段。此画和《金丝雀圣母》对比，画中三人的动作变得更复杂了，圣母和圣约翰的身体都扭了几个弯，这个姿势来自《跪着的维纳斯》，也是第一尊维纳斯裸像的衍生物。而圣子的姿势来自《观景殿的阿波罗》，拉斐尔的"抄袭"是那么的认真。人物脚下的植物复杂了许多，甚至

▲《美丽的女园丁》（中）中，左边童年耶稣姿势取自《观景殿的阿波罗》，右边童年约翰的姿势取自《维纳斯出浴》。

有种看《岩间圣母》那些花草和奇石的感觉。当然，拉斐尔的圣母子没有待在阴森的岩洞之中，他们身处蓝天白云之下，背景有青山绿水，远处有教堂家乡，阳光洒在他们的脸上。草地上的全家福、野餐时的亲昵合照，这可能就是文艺复兴时代人们能想象出的最完美的场景吧，他们借由新柏拉图主义信条，把这种美转化为对神的礼赞。

拉斐尔能创造出简单的完美，这是他与另外"二杰"相比的特色，但拉斐尔也怕被诟病成"肤浅"，在学成各种技术后，圣母像也不可避免地走向复杂。除了构图、姿势、背景，连圣母的衣服和头发的设定都更为繁复。"RAPHAELLO VRB."，拉斐尔在圣母长袍下摆上签下自己的名字和故乡，那年的他虽然只有24岁，但他画中耶稣踩在自己母亲脚上那种真挚的可爱马上就要消失了，"初唐感"和"青春"一样转瞬即逝。

▲《草地上的圣母》，拉斐尔，1505—1506 年

▲《岩间圣母》，达·芬奇，
1483—1485 年

▲《美丽的女园丁》，拉斐尔，
1507—1508 年

57 窟主室场景

4 那一低眉的温柔：美人观音与 57 窟

　　在莫高窟 1600 多年的岁月中，初唐是如此特别，在这一时期，匠人和窟主们共同寻找艺术可能性，全新的美尚未成为套路，因而流露出一种可贵的"真情"。这种美丽真情的集大成者就是莫高窟的 57 窟，俗称"美人窟"。

　　唐代初年，河西地区政局动荡，莫高窟造窟不多，大多延续隋朝式样。57 窟和 45 窟一样，是覆斗顶式洞窟，但它窟的空间小，也没有 45 窟那样大气，佛龛依然是隋代时的双层龛，不深，彩塑之间离得很近，虽然主尊和菩萨的高度已和 45 窟那样无明显区别，但每个角色都依然为墙壁所困而没能真正独立出来。彩塑的色彩明显比周围的一切更加鲜艳或者说更加扎眼且僵硬，这是后代重新上色的迹象，虽然灵气不再，但 57 窟的彩塑可以算是后代重修中的成功案例了，部分在清代修复得过于有碍观瞻的彩塑也已在几十年前被移出洞窟。洞窟沿用了早期的深红底色，每块墙面被连珠纹分隔开来，因而少了 45 窟那种整体性。57 窟大部分都被千佛覆盖，没有 220 窟那种整面墙的经变画，最令人惋惜的是石窟上层明显被非自然地熏黑了，这让它永远失去了 45 窟那种一气呵成的爽快感。

　　但一切都无法掩盖 57 窟在菩萨尊像画上的成功。双层龛左侧一尊彩塑的缺失，让龛内的一位思维菩萨脱颖

▲ 404 窟，隋代，供养菩萨

57 窟 初唐
思维菩萨

而出。和隋朝同样侧脸的菩萨像相比，57窟这位有种真实的"肉感"，
特别是手部的描写。隋朝的菩萨依然有种抽象的神性，初唐的这位
思维菩萨则展现了气定神闲的人性。

　　双层龛左侧这尊彩塑的缺失，还让其身后的另一位菩萨独立地
进入了人们的视野。彩塑背后的壁画菩萨，一般都是配角，而且注定
只能以半身示人。他身后背景几乎被黑色覆盖，连头光的外圈都是全
黑，散发出一股神秘的气息。他很可能就是莫高窟里动作最复杂的菩
萨了：上半身往龛外倾斜，脑袋则往反方向歪，右手持莲，手臂和手
指都摆出了常人难以做到的姿势，左壁弯曲指着天，食指甚至探进了
自己的黑色头光。不觉得这种扭动感和略带妖媚的气氛很熟悉吗？把
达·芬奇的《施洗者圣约翰》放在旁边，感觉两位是失散多年的同父
异母的兄弟。57窟这位持莲菩萨也长发披肩，有深红的唇色和两撇
胡子，深藏黑暗之中，双眼低垂看着我们，好像在指示，好像在展现
自己的美。如果达·芬奇看到这幅菩萨像，不知会作何评论。

▲《施洗者圣约翰》特殊光学照片　　　▲ 57窟，初唐，供养菩萨

▲ 57 窟 "美人观音"

▲ 57 窟南壁《说法图》

　　57 窟这位艺术家画出了达·芬奇式的神秘，也画出了拉斐尔般的完美女性。洞窟的左手边，在红底千佛的围绕之中，有一幅浅色的大型说法图，四周还有简单的框子来做视觉上的区隔。画上有三位主要人物，但中间的阿弥陀佛和右边的大势至菩萨都有些模糊不清，相比之下，左边的观音菩萨是如此的清晰。她就是莫高窟著名的 "美人观音"，公认最漂亮的壁画人物。和见到现实中的美女一样，我们最先关注的是脸庞。

　　她给人的第一印象就是温柔。仔细端详，会发觉她没有 45 窟菩萨那样的浓妆和入鬓的长眉，五官的墨色已经非常淡了，细眉也更接近现实中的女性，和拉斐尔的圣母一样，脸颊有微微的红晕。最明显的破损就是观音的嘴唇了，正因为红唇不再显眼，我们的视线更加被她的眼神所吸引。上下眼睑弯成了两道美丽的曲线，微微低垂的透黑眼珠中隐约能看到些许蓝色，而整体蓝紫的眼睛中又露出了点白色底色，这就是这位观音眼神如此灵动的原因。和拉斐尔《草地上的圣母》的眼睛放一起，我们会发现惊人的相似性。不知是否

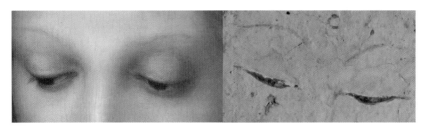

▲ 拉斐尔《草地上的圣母》与 57 窟 "美人观音" 眼部对比

有意为之，观音的眼珠中也留有一点白色的高光，直到今日，眼中的高光依然是动漫人物的标配。显然，**"观音也存在于细节之中"**。

　　相对于淡雅的脸庞，观音头上的化佛宝冠显得非常华丽，沥粉堆金的手法，让宝冠充满立体感，好像在往现实空间延伸。相比于身边的菩萨，观音在群像中的确是离我们最近的那位。至于头光部分，画师选择了最简洁的处理方式——蓝褐绿紫相间的圆。

▲ 45 窟胁侍菩萨局部

▲ 57 窟 "美人观音" 局部

这样的繁简对比四处都在发生。观音的身体和脸部一样，几乎只能看见淡淡的轮廓线，腰部颈部微微侧弯，两只手臂那相似但不相同的姿势在左右两边，产生了舒适的韵律感。与简洁的身姿相对的是身上繁复的装饰：腰腹部的僧祇支图案很精巧，打结部分的线描与色彩有种动漫的轻快。整体以蓝色为主，没有盛唐张扬的大块红绿对比，装饰图案也比较小巧，能让人直观感受到她美丽的秘密也在其纤细的腰身上，57窟的观音比盛唐的后辈们苗条很多，没有肉肉的小腹。

对于当今的游览者来说，57窟是特窟，需要另外买票。但57窟没有45窟和220窟这两个特窟那么主流，因此，选择这个窟的游客大多是在了解的基础上专程前往的，在前往的过程中积累下的期待会在看见本尊时得到升华。当讲解员的手电灯光从观音的身体移至脸部时，我们会发现她的脸上反射出温暖的光晕，头冠和身上璎珞的立体堆金让她身上的光晕更显神秘与多变。这种美丽而温柔的感觉异常短暂甚至无法接近。无论凑得多近，我们都无法真正看清她的本尊。壁画的破损代表永恒的缺失，因时间失去的颜色与线条再也找不回来，不可能像油画那样修复得焕然一新（对于达·芬奇和米开朗基罗作品的每次修复都会引来论战）。无论用多高清的仪器去采集57窟观音的容貌，都会失望而归，清淡朦胧的壁画本质让这身观音永远神秘，见到其本尊的体验是任何图像和视频都无法再现的，只能深藏在心。

一般人一生可能去不了几次莫高窟，即使去了，见了"美人观音"本尊，哪怕只是停留十几分钟，但只要见过，那种美的体验将难以忘怀。对于"美人观音"，原作给人的感觉过于特别，这种特别是任何复制品或复原临摹都无法赋予的，因为它们显得过于明确。

能找到美丽的奇迹固然令人陶醉，但理性分析画面后，我们也不可否认，除了画家的真心与窟主的品位，时间本身也起到了决定性作用。57窟的画师在各方面都很优秀，如果一定要以现代审美挑一个毛病的话，可能鼻子是画师的弱项。57窟人物正面的鼻子都画得有些扁平，鼻孔的比例也稍大。时间褪去了"美人观音"鼻子的线条，从远处看只能看到优雅的鼻梁。所有临摹如实画出的鼻子，可能就是最幻灭的一点。菩萨和普通人还有一点区别就是"双耳垂肩"，就和圣母的光环一样，提醒着凡夫俗子不要搞错。"美人观音"双耳的"过人"部分都已淡得看不清楚，两只耳环看起来也几乎成了颈上璎珞的一部分。而不带私货地临摹出的双耳拥有清晰的轮廓，却也因此令美的信徒失望。顺便一提，45窟胁侍菩萨面向观众的耳垂如今也已掉落了，而在最早的照片上，她的耳朵、手指和头冠尚且完整。

"美人观音"神性的视觉象征几乎都被时间冲淡了，连眉间的白毫和脖子上的三道都是。身上沥粉堆金装饰部分的遗失，也让观音显得更加淡雅。

时间在很多作品上留下了善意的修改，但很少出现如此偏心的介入。它就像一位优秀的经纪人，把57窟菩萨推到了现世的顶端，无论是讲解员的手电还是电视台的摄影机，在世俗的光线下，一切"瑕疵"都被遮蔽，观音化身成一位真正的美人。

理性分析让我们接近真理，狂热崇拜却能让人看见宗教的奇迹。

"最美观音"的动人和温柔影响了靠近她的人，她上方三位菩萨和右边的弟子也都很"媚"。57窟画师用精致的蓝紫色线条画出菩萨们的头冠、璎珞和衣裳，在观音的照耀下，他们看起来很开朗，

◀45窟最早的照片，从中可以看见胁侍菩萨的头冠和手指依然完整。

脸上泛着红晕，快乐中带点妩媚。最左边这位像蒙娜丽莎那样微笑着斜眼看着我们。**右边的托钵弟子的瞳孔因为颜色剥落呈现出白色，左眼超出面部的部分好像是长长的睫毛或是闭着眼睛，或者就是画师超越规则的神来一笔。弟子紫色头光的透明处理更是证明了画师对颜色的应用驾轻就熟。**

▲ 57 窟"美人观音"上方左侧的菩萨　　▲ 57 窟"美人观音"，请关注上方的菩萨们

如果你愿意把这位观音想象成一位母亲，你可以看见她脸上的皱纹，腹部堆金的剥落就好像剖腹产的伤疤。**如果你愿意把这幅说法图想象成一个家庭，你会发现父亲在中间正襟危坐，而母亲身边的孩子们个性张扬，自由自在。**

"新丰美酒斗十千，咸阳游侠多少年"，连左下角天王都笑得像个孩子。57 窟的画师是个怎样的人？看眼龛顶那个与飞天共舞的和尚就知道了吧。

▲ 57 窟佛龛上方的和尚形象，不知画师绘制的时候有没有把自我代入？

5 大制作：教皇签字厅与 220 窟

57 窟的"美人观音"只能藏在心中，任由崇拜者回味那种遥不可及的完美体验。而拉斐尔的圣母则走进了意大利大户的家中。

欣赏美，占有美，人之常情。那些拉斐尔圣母的拥有者最激动的时刻应该是在等待拉斐尔创作的那段时间吧。被复制与被模仿，这是任何美丽事物的宿命，也是最基本的商业需求。拉斐尔在佛罗伦萨完成了完美的圣母形象后，就着手让这个形象符号化，他将其画在不同的主题与场景之中，满足客户们的不同需求。

有一天，艺术需求最大的那位也找上门来了，他就是教皇尤里乌斯二世。

作为与造物主最接近的人，教皇当然不会与普通贵族一般见识，他要的不是美的作品，而是能创造美的拉斐尔。

1508 年，这位乌尔比诺出生的画家去了罗马。拉斐尔将在这座永恒之城留下浓墨重彩，进入自己的全盛时期。一整个教皇的藏书室等着他去绘制，这正是拉斐尔在艺术道路上急需的。

如同一位真实的母亲，圣母成就了拉斐尔，也束缚了他的格局。

如同大多数金主爸爸，商人们的订单让画家变得富有，也让他的创作变得贫瘠。

这次，拉斐尔终于得以重新出发。而他第一次画壁画就面临着史诗级的挑战，四壁的主题分别是：神学、哲学、诗歌、法学。

如果把藏书室比作一个巨大的皇家窟，那拉斐尔在这以前画的都是小型的"说法图"和"尊像画"，现在他终于要挑战大型"经变画"了。正是在这里发生了瓦萨利写的"看到《雅典学院》后，教皇决

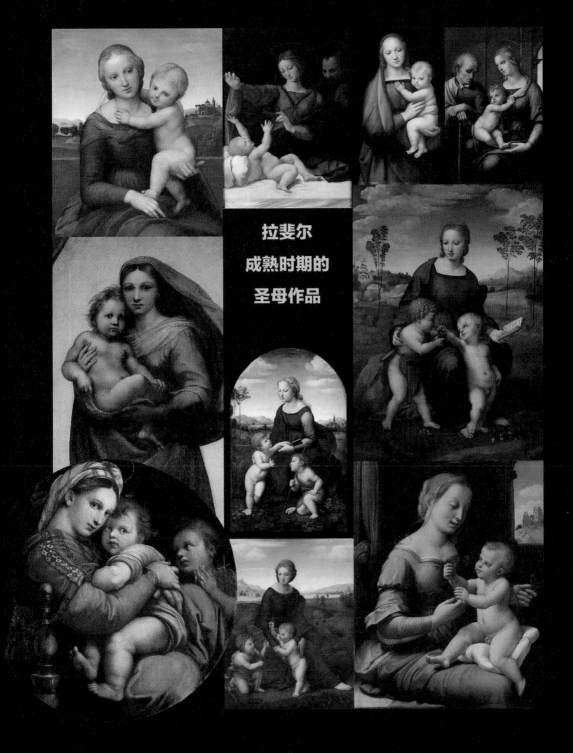

拉斐尔
成熟时期的
圣母作品

拉斐尔《圣礼之争》

220 窟《无量寿经变》

定销毁四壁上其他艺术家的作品"。拉斐尔创作的第一幅壁画应该是代表神学的《圣礼之争》，在这里，圣母只是一小部分，仰望着她的儿子。

让初唐 220 窟的经变画画家来看这幅画，他会发觉宗教绘画视觉构图上有大量的相似之处，甚至怀疑自己的设计稿已经流传到罗马。中心对称构图、透视、众人的视线方向把我们引向中央最重要的那个人。最重要的人有华丽的背光，左右有人辅佐，下方有华丽的供器。同样是上中下三段构图，分别代表天上、主尊、地上。关于弥撒圣礼的争论，220 窟的画师肯定不懂，看到地上那些乱中有序的人们，他应该会直接联想到经变画下方乐舞的部分，认为这些衣着各异的人在用歌舞供养自己的神。不愧是拉斐尔，能把冲突画得如此和谐，看着就很安心，让人相信真理一定会到来。如果让米开朗基罗来画同样主题，我们一定会看到一群猛男正面冲撞的那种"男"上加"男"的画面，远看应该和《最后的审判》没什么区别。如果是达·芬奇，则会留下一张充满谜题的草稿。

拉斐尔掌握了"轻松漂亮地完成一件事"的法门，化繁为简，让整个教皇签字厅崇高又不失轻松。在他的另一幅作品《雅典学院》中，达·芬奇扮成柏拉图占据 C 位，米开朗基罗扮成没有朋友的赫拉克利特"怼"在画面最前方，提拔自己进入梵蒂冈的乌尔比诺老乡布拉曼特扮成了欧几里得，在做足了这些贵人的人情后，这个高情商的画家把自己画在了最边缘的位置，机敏地看着观众。拉斐尔自画像身旁那位也许是他的父亲，或者是没人记得的佩鲁吉诺。一如既往，这些人当中只有米开朗基罗不高兴，他嫌拉斐尔偷学了自己太多，而且从画面上看，达·芬奇再走几步就要踩到自己的头了，不是吗？雅典学院中，先贤们背后的宏伟建筑上有两个神龛，里面分别放了阿波罗与雅典娜的雕塑。从两个神像的站姿就能看出雅典

布拉曼特

拉斐尔父亲

▲《雅典学院》中拉斐尔父亲和布拉曼特的形象

娜代表理性，妖娆的阿波罗代表艺术，达·芬奇和米开朗基罗都在阿波罗这半边，三杰的位置也预示了他们 500 年后的地位，一达二米三拉。

如果拉斐尔见到了 220 窟的经变画，应该会感叹"东方艺术的装饰果然华丽复杂，不留白"。这也是西方人的固有思维，毕竟他们往东看会先看到阿拉伯半岛和波斯。他应该会画下一些平时没见过的装饰图案，然后用心速写几位美丽的菩萨。最终敦煌的图案估计会被用在梵蒂冈长廊（Vatican loggias）和有钱人的别墅的装饰之

▲ 梵蒂冈长廊的装饰图案

▲ 220 窟装饰图案

传说拉斐尔与其女友也是在水边相识

▲ 220窟《扶栏菩萨》

▲《拉斐尔与福楼丽娜》，19世纪德国画家

中，就像拉斐尔应用在尼禄金宫（Domus Aurea）的装饰那样。菩萨的东方美人容颜则会出现在某幅大型绘画中的一个角落，毕竟拉斐尔不太进行颠覆式创新，适度的异域风情正好。

有一个场景可能会让他动心，在七宝莲池中有一位菩萨站在水中，扶着栏杆。一般菩萨都成组出现，但她就独身一人；一般菩萨都呈现出"工作状态"，或听法、或供养，就算是飞天、乐伎也都各司其职。这位凭栏菩萨没有仰望主尊，怎么看都在"休闲"，连她身后的刚刚化生出来的童子都有样学样地玩耍起来。

《无量寿经》云："若入宝池，意欲令水没足，水即没足。"七宝莲池中的水则是"调和冷暖，自然随意。开神悦体，荡除心垢。"这种轻松自在的感觉，拉斐尔可以心领神会，**签字厅中的壁画，拉斐尔举重若轻，让鸿篇巨制保持了易懂和简单。这种令人愉快的真情在很多莫高窟初唐的洞窟内都能见到，也是一种文艺复兴的感觉。**

6 盛世"美男子"：卡斯蒂缪内伯爵与维摩诘

　　一边，拉斐尔在圣城罗马迈向了人生巅峰。另一边，公元662年，220窟造好时，时代已从贞观之治迈入了盛唐。

　　盛唐时期的菩萨更加浓眉大眼，大面积的红绿配色，头冠和璎珞也越发华丽，但他们给人最直观的变化是 —— 胖了。这种胖，就像从卢浮宫的任何地方走进挂满鲁本斯作品的美第奇展厅时感受到的一种自信。

　　到罗马后，拉斐尔依然画了很多圣母，并且技艺更加至臻至善，但我们很难再找到佛罗伦萨那几幅中所蕴含的清新的真情。原因很简单，对拉斐尔来说，他在女性美的追索方面已经完成了历史使命。

▲《玛丽·德·美第奇》，鲁本斯，1622年　　　▲ 45窟，盛唐，戴金冠菩萨

▲《卡斯蒂缪内伯爵》，拉斐尔，1514 年

▲《费隆妮叶夫人》，达·芬奇，约 1500 年

在探索完美圣母的过程中，拉斐尔名气攀升，广交人脉。但移师罗马后，挑战大型公共艺术项目成了首要目标，签字厅的巨作让他从圣母画家成了伟大的画家。

而签字厅的巨作之后，拉斐尔的那些大型壁画就都成了套路，或者说，开始"内卷"了。正如莫高窟艺术在迎来盛唐的同时也迎来了"衰落"，中晚唐的莫高窟艺术看起来总是让人不太过瘾。

除了宗教主题的绘画，拉斐尔还有类作品值得一提，男性肖像。

虽然画家很早就从佩鲁吉诺那边继承了胖腮帮的男性脸庞画法，在佛罗伦萨也画过很多有钱男人，但只要与女性肖像对比就能看出，拉斐尔笔下的男人都只是画家逢场作戏所完成的任务。直到他的好友卡斯蒂缪内伯爵（Baldassare Castiglione）成了画中的主角，拉斐尔终于画出了一幅很棒的男性肖像，现在收藏在卢浮宫。画中的卡斯蒂缪内伯爵看起来挺友善，经历世事、手握权力后还和蔼犹存。他没有像皇室或者暴发户那样把财宝堆在身上，几乎像个穿着西装的现代绅士，甚至整幅画中出现的颜色都很少。整幅画被阴影和黑色占据，唯有伯爵脸上充满亮光，两只蓝色的眼睛更显得炯炯有神。这隐喻了世道混沌，唯有心向光明，胸口雪白的衬衫也表达了这一点。卡斯蒂缪内伯爵写的《廷臣论》中提到了一种非常文艺复兴的气质—— sprezzatura，意思是浑然天成、不露声色。这幅画就是最好的表达，远看觉得照片般精细，近看天鹅绒和胡子上的笔触，竟然是如此的随性。查理五世曾夸画中的这位伯爵为世界上最好的贵族，起码从这幅画上看起来真的有可能。

虽然瓦萨利一口咬定"拉斐尔要低达·芬奇一等"，但与达·芬奇的《费隆妮叶夫人》对比，拉斐尔这幅肖像已经毫不逊色了，说实话，那些浑然天成的笔迹比达·芬奇拖稿万年的精细看起来舒爽很多。

原先对男性肖像不感兴趣的拉斐尔在罗马开始饱含感情地画男

▲ 从左至右依次为伦勃朗、安格尔、鲁本斯三人的男性肖像作品，都带着拉斐尔作品的影子。

性肖像，原因很简单，他要为教皇画像了。当然，他的努力的背后
还有一个原因：拉斐尔在罗马的状态更加入世，不但工作室蒸蒸日上，
他本人更是有了成为红衣主教的奔头。这一状态之下，再画权贵之
时，他已经能充满激情地代入自己的未来。这便是《卡斯蒂缪内伯
爵》不同于往昔作品的深层原因。而之后的提香、鲁本斯、伦勃朗、
安格尔也无不把《卡斯蒂缪内伯爵》视为男性肖像的典范。

　　所有对《卡斯蒂缪内伯爵》的赞美，几乎也都能直接用在盛唐
103 窟的维摩诘身上。

　　先来看下 103 窟。结构和底色与 45 窟比较相像，深龛中的彩塑
我们更不陌生，可惜盛唐胁侍菩萨被画了一个清朝的妆容，手臂补
塑部分真的是惨不忍睹，连笨拙都谈不上，只剩下历史的恶意。

　　北壁上的《观无量寿经变》和 217 窟有些相似之处，但只要对

▲ 103 窟，盛唐

比上方天宫楼阁部分，就知道 217 窟画家的水平之高，而 103 窟连
头顶的藻井也没有 45 窟的大气。但当你扭头想走的时候，却很难不
注意到画风突变的东壁，在这里，墨色的线条成为主角。文殊和维
摩诘对面坐落，非常明确地存在于那里，这和线条画风有关，也部
分归功于因未被过多"修改"而保存下来的原始面貌。

▲ 103 窟壁画中的天宫楼阁

维摩诘没有头光，头发尚存，这表明他是一个在家修行的居士。他甚至没有垂肩的双耳和耳环，穿着俗装，在身体和外形上已经和凡人无异。光凭这几点维摩诘已经是 103 窟主要人物中最能让普通人找到代入感的那位，更别提维摩诘还家有万贯，妻子貌美，育有二女。更重要的是他看起来挺酷的，这种恣意懒散的坐姿在日常中很少用到，要么是在向后辈炫耀年轻时的传说，要么是酒过三巡后在沙发上胡侃。维摩诘的表情也妙，眉头紧锁后还用力向上抬，把眉毛挤出两道弯，只看上半张脸，感觉在思考，但下半张脸却正嘴角上扬，露齿而笑。这种胜券在握的戏谑，像极了脱口秀演员抛梗成功后不易被发现的小得意。维摩诘的确赢得了一场辩论，对手是象征智慧的文殊菩萨。在讨论何为不二法门时，众菩萨各说各理，占据了经文的主要篇幅，但等大家说完后，文殊开口了：远离问答才是不二法门。维摩诘就看着大家，什么都没说，赢了辩论。

这种"行到水穷处，坐看云起时"的气质，我们从维摩诘的衣服上也能看出。袍服下摆像水那般流到了脚边，流畅的线条几乎没有任何尖角，卡斯蒂缪内伯爵见了估计也会用 sprezzatura 来形容。西装的剪裁本质是雕塑化的，和盔甲一样，任何人塞进去，都会显得挺拔而重要，而穿上西装的人则像一座神殿，和自然对立着。相比之下，东方的服装让人明显感受到天人合一的倾向，一阵强风吹来不但会直接钻进身子里，衣服本身也会像风那样飘起来。这就是穿得有"仙气"的本源，花巨款买山本耀司"破衣烂衫"的人不都是想在这追名逐利的都市中过得稍微"不二法门"一些吗？维摩诘也"故意"把右肩上的红色披风耷拉下来，在和文殊菩萨这种真正高手对决的场合，认真你就输了。文殊菩萨身后的僧人个个怒目圆睁，但文殊自己面带微笑，比出了不二法门的手势，场面一片祥和，善哉善哉。

文艺复兴时期的商人都知道《圣经》上写着商人要进天堂比骆

103 窟中的
维摩诘形象

103 窟中的
文殊菩萨

驼穿过针眼还要难，但好在那本书上也写了耶稣出生时，东方来了三位博士（或是国王）献上了贵重之物。所以像美第奇家族这样的巨贾，不断赞助教会造教堂，赞助画家画宗教作品。这是一桩不错的投资，不但日后能上天堂，现世也能获得更多尊重。而很受当时商人喜爱的绘画主题就是"三博士来朝"（The Adoration of the Magi）。当时佛罗伦萨每年还举办主题游行，美第奇圈子里的人们纷纷穿成华丽的东方国王的样子，招摇过市。

在 103 窟壁画中维摩诘的下方也能看到类似的场景，各国王子来到了辩法现场，看穿着，这里面有波斯人、东罗马人、高丽人等。但和西方绘画中的国王献宝主题不同，维摩诘这边的外国友人在接受香饭。

儒家向来轻商，但佛教一直与商业关系密切。佛陀从菩提树下起身，最先向他供奉食品的就是两位商人。丝路上的僧人更是需要商队的庇护，也能给商队祈福。敦煌一带有很多丝路胡商，葡萄、

◀《三博士来朝》，波提切利，1475 年，美第奇家族众人就在画面中。

◀ 103 窟，盛唐，
各国王子在画面中。

美酒、夜光杯，一句诗中就有三件和胡商相关的商品。商业文化与农业文化相比可能更自由，也更国际化，毕竟大家有共同的信仰——金钱。这样的风土让 103 窟的维摩诘和 220 窟的皇帝看起来就是比中原的形象更豪、更酷一点，当然这大概也与敦煌石窟的赞助人本身的性格和长相有关，也和画师眼前的风景有关——不是"明月松间照"，而是"大漠孤烟直"。

103 窟的画师很擅长描绘漫画式的夸张表情，仔细看各国王子的神态，就会发现都很有趣，可能现实中的胡商的日常反应就比较浮夸吧。当时的商人与供养人一定潜移默化地把维摩诘作为自己的前辈去模仿。直至今日，在很多企业老总办公室里，在那张巨型茶桌前，好像依然能见到 103 窟维摩诘的影子。

顺便一提，前面引用的诗句都是王维的，这位盛唐"诗佛"名维，字摩诘，号摩诘居士。

7　内卷：矫饰主义与中晚唐洞窟艺术

卡斯蒂缪内伯爵和维摩诘，都反映了盛世中成功人士的追求与形象。回顾历史，盛世好像就是因为短才了不起，见证了盛唐繁华后，王维因为"安史之乱"被打入大牢，而在另一头，文艺复兴的艺术盛世也将迅速衰落，拉斐尔的作品就是最好的表现。夸张点说，在画完《美丽的女园丁》《雅典学院》和《卡斯蒂缪内伯爵》后，拉斐尔已经用笔宣布了直男审美的彻底终结，美丽、宏大、帅气全部都玩完了。当时拉斐尔的地位和作品价格几乎已经超过了另外两位。想想也对，学完米开朗基罗和达·芬奇后，还能干什么呢？连毕加索到了晚年也用完了"魔法值"，陷入与自己的死斗。卢浮宫中收藏了拉斐尔最后一幅自画像，当时的他已经从一位有志青年变成了胡子大叔，并退居好友身后。关于好友的身份有很多猜测，有种说法是：拉斐尔这样做是在向世人推出他的门徒兼接班人——朱利奥·罗马诺（Giulio Romano）。

◀《与朋友的自画像》，拉斐尔，1518 年

　　拉斐尔真的是一位好老板，和阎立本那样有"应务之才"，但正是因为工作室太成功、订单太多，"拉斐尔牌"商品的质量直线下降。要怪只能怪罗马诺等门徒，但追根溯源又绝不是他们的错，毕竟无数后世艺术家模仿了拉斐尔 500 年，这才出了鲁本斯和安格尔俩。同样是在梵蒂冈的壁画，虽然统称"拉斐尔房间"（Raphael Rooms），罗马诺挑大梁的"君士坦丁大厅"中，虽然每幅画依然宏大，但和《雅典学院》相比，每幅画又都太复杂了，让人不知道该往哪里看；更重要的是画面里每个人看起来都很做作，拉斐尔笔下可爱的小天使，变成了别扭的"小大人"。拉斐尔在梵蒂冈创作了四个房间，但随着时间的推移，变得越来越复杂。

▲《十字架显现》，拉斐尔在梵蒂冈的房间之一，由拉斐尔工作室绘制，（拉斐尔死后由罗马诺等学徒继续完成），1520—1524 年

《圣乔治与龙》

《圣米歇尔》

《圣玛格丽特》

《圣米歇尔战胜撒旦》

◀卢浮宫中收藏的 4 幅
拉斐尔作品，画风从青
涩到完美，最后甚至诡
异。

　　卢浮宫中的拉斐尔作品也能证明这点：有四幅作品的主题都是
正义对战邪恶。佛罗伦萨初期的两幅虽然画风仍未成熟，尺幅也非
常小，但是已经包含了拉斐尔所有优点，两位英雄帅气轻快，恶龙
是如此的小，甚至有点萌。晚期两幅作品虽然画技提升不少，但两
位英雄脸上已有大半阴影，画面也几乎被黑暗笼罩，圣玛格丽特脚
下的龙张着血盆大口，面目可憎，盯着女主的脸多欣赏一会儿，只
感到阴森恐怖，这可能是罗马诺的功劳。

▲《伊莎贝尔》，拉斐尔工作室作品，
卢浮宫馆藏

▲ 拉斐尔徒弟作品，此时已进入矫饰主义，
画中人物面容看起来有些吓人

卢浮宫中《伊莎贝尔》这样的肖像画还只是僵硬和比例失调，
等到没有拉斐尔帮助的时候，罗马诺的作品就只剩恐怖烦琐和故作
神秘了。但真的不能怪罗马诺，拉斐尔选任何人当接班人，那个人
都只会被后世嫌弃而已。更何况当时欧洲政局动荡，迎来了新教改
革和罗马之劫。那层恐怖的阴影，我们在"三杰"之后的作品中
能直接看到，现在人们把"三杰"之后的画风称为**"矫饰主义"**
（mannerism），用更当代的话说就是"内卷"。复杂化和神秘

化是关键词，毕竟画一个天使没人
比得过拉斐尔，后人只能画一堆；
要比深度没人比得过达·芬奇，后
人只能强加要素，故弄玄虚。

　　同样的事情也发生在莫高窟，
生在三杰之后当画家是一件痛苦的
事情，在盛唐之后造窟也是。趁着
"安史之乱"，吐蕃入主敦煌 70
年左右。初期实行奴隶制，其间虽
然大兴佛教，但工匠已经从唐朝时
期的艺术家与设计师沦为实质性的
奴隶。中晚唐当然有画得好的窟，
仔细看也能察觉大唐遗风，但就是
没有那种盛大和自信了。

　　159 窟可以算吐蕃入主敦煌时
期艺术性最强的窟之一，在与 103
窟同样的位置绘有《维摩诘经变》，
只是各国王子的领头的变成了身着
吐蕃服装的王室，跟着他的王子和
画面中位于其上方的维摩诘都成了
装饰品或者说"工具人"，没有自
己的气场（aura）与个性，而只是
复杂图像中的一部分。倒是天王武
将，在中唐时期开始被强调，文殊、
普贤的坐骑旁边出现了深色皮肤的
仆从（昆仑奴）。

▲ 159 窟，中唐

159 窟的菩萨，
中唐彩塑的杰作

　　159窟的彩塑保存状态良好，左右胁侍菩萨依然是亮点。但对比45窟的左胁侍菩萨就会发现彩塑的身材比例没那么好了，头过大，对立平衡的S形不再明显，而且开始变得男性化。45窟彩塑身后壁上的头光与菩萨，在159窟变成了清淡的屏风画。连佛龛的形状也有了改变，彩塑不再是放射性地排开来迎接大家。

　　从中唐开始，一壁一幅经变画变成了一壁多幅经变画，每幅经变画下方还有若干屏风画，随着时间的推移和文化差异的变大，这些画

▲ 45窟的左胁侍菩萨

▲ 12窟，晚唐，经变画及窟顶

马蒂斯剪纸　　毕加索的和平鸽手稿　　拉斐尔的女性手稿

的内容对于观众来说越来越难理解，当今的普通观览者很难说出这些画的重点何在。抬头看窟顶，连千佛处都开始画上了说法图。越复杂，越难懂。一难懂，自然就少了共鸣。

可能轻松简单就是艺术的最高水平，马蒂斯的剪纸、毕加索的和平鸽都是，拉斐尔的手稿亦是如此。开始复杂化的内在原因，往往是画家自信的丧失。到了莫高窟艺术晚期，人物成了巨大经变画中的装饰符号，个体不再重要，这就是所谓的人文主义衰落吧。吐蕃内乱后，张议潮起义收复敦煌，成为河西节度使，而后，敦煌又经历了多个时代的开窟，但这在艺术类书籍上都只是寥寥几页。欣赏过57窟后再看晚期壁画上的菩萨形象，总会有些失望。

艺术史上的画风演变也是人生的映照，莫高窟艺术初唐时期代表了转瞬即逝的美好青春，拉斐尔的圣母形象也在离开佛罗伦萨后变得程式化。

矫饰主义和莫高窟中晚唐艺术都诉说着难超经典的无奈，同时，商业化的机制也决定了大部分创作者在创造经典后即迅速开始复制经典的宿命。周杰伦的叶惠美，宫崎骏的幽灵公主，圣斗士的十二宫篇，在很多核心粉丝眼中都是创作的终结，而像达·芬奇这样直到晚年还能折腾出点东西的创作者真的很少。

在瓦萨利的笔下，拉斐尔在工作和追求女性的双重劳累下死于"桃花树下"。这似乎印证了拉斐尔自己的一首诗：抱紧我吧！我要被你的双臂捆绑，这甜蜜的枷锁，我甘愿承受！只要我心心念念向着你，死亡又何足惧。这首诗写在《圣礼之争》的手稿上，那时正值拉斐尔人生的巅峰时刻。他和凡·高相同星座，又在相同岁数陨落，但度过了截然相反的人生。之后的艺术家只要模仿拉斐尔，就会难以留名艺术史，但起码能在现世过得幸福。

而在敦煌，石窟在初唐和盛唐所达到的艺术造诣没有留给后来朝代太多机会，只有元代的 3 窟、465 窟和榆林窟的 3 窟，剑走偏锋，却支撑着盛世之后的艺术。

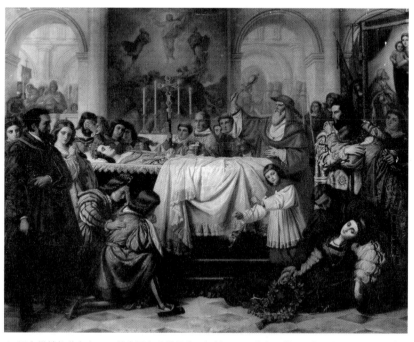

▲ 图中描绘拉斐尔之死，站在最左边的是米开朗基罗，远景中的绘画是拉斐尔最后一幅画《耶稣显圣》。

第五章

我来到这个世界上：

米开朗基罗与洞窟里的信仰

说到这里，文艺复兴"三杰"只剩米开朗基罗了，他活得最久，纠结得最久。

1 血红底色：被打断的鼻子与北凉洞窟

米开朗基罗可能是最"西方"的一位艺术家，留下了很多中国艺术中不太常见的场景：人体与痛苦。对了，他的作品还都很大。还有什么比一大堆痛苦的男性人体纠缠在一起更令人震撼？德国文豪歌德走进西斯廷教堂见到米开朗基罗的巨作，于是在《意大利游记》中写下：不见西斯廷，你就无法想象一个人能完成多伟大的事情。英国和德国因为新教历史和地理原因，在视觉艺术上一直没有说拉丁语的欧洲南部发达，到了 18 世纪左右，英国富绅成年时开始流行"壮游"（grand tour），主要就是去罗马等地开开眼界，感受当地和自己故乡截然不同的地中海风土。在没有 VR 和抖音的年代，西斯廷教堂的壁画一定给了歌德非常大的震撼，也为他的文学著作带来了视觉上的想象，确切地说，是描写地狱的灵感。站在米开朗基罗的《最后的审判》面前，离观众最近的有两大群肉体——右下

▲ 西斯廷教堂，由西斯笃四世所造，除了《最后的审判》和天顶外，四周的壁画是波提切利和佩鲁吉诺等人画的。

▲《半人马之战》，米开朗基罗，1492 年

▲ 在柏拉图学院中，米开朗基罗正把自己的雕塑给洛伦佐看。

方的恶魔与罪人、左下方从坟头爬出来的死人与骷髅。高举右手的耶稣离我们太远，四周圣人们的神情和身体令人紧张，米开朗基罗的纠结与痛苦已从地狱溢到了天堂。

这种情绪，我们从他最早期的作品中就能发现。《半人马之战》里，中间人物高举双手，年轻的肉体缠斗成一团，陷在石中。他的确过着类似的生活，那几年，米开朗基罗进入了美第奇家族的圈子，参加了"豪华者洛伦佐"（Lorenzo de Medici）的柏拉图学院，和全欧洲思想最先锋的一群人混在一起。就在完成《半人马之战》的那些年，米开朗基罗一如既往地嘲讽着其他青年艺术家，但这次，他被另一位雕塑家托锐基诺（Pietro Torrigiano）一拳打断了鼻子，留下了永久的自卑。用最无情的上帝视角来看，这一拳让米开朗基罗痛苦到"变形"，但无疑也让他创作出更伟大的作品。

艺术和历史一样，有时非常残酷，正如莫高窟早期的血红底色。在唐朝的功德碑上记载着，莫高窟最早是由一位叫乐僔的和尚在366年开凿的。他戒行空虚，缓缓西行，看到夕阳下的三危山"忽见金光，状有千佛"，就架空凿岩，造窟一龛。但从那时的墓葬就能看出，敦煌人依然信仰混合着道教的民间鬼神，佛教并不流行。创始人乐僔的开窟，是小规模的个人行为，洞窟应该就是最朴素的禅窟，并且也没有留存。现在最早的洞窟是胡人政权北凉时期的三个窟，合称"北凉三窟"，彼时已经有完整的洞窟体系，之后所有洞窟都有这三窟的影子。

五胡十六国的的历史很难学，政权又多时间又短，正如罗马灭亡后"野蛮人"入主的"黑暗世纪"一样。北凉开创者沮渠蒙逊攻打敦煌时受到当地汉人强烈抵抗，敦煌人投降后，沮渠蒙逊下令"屠其城"。当时敦煌的氛围，也能在窟中见到。

275窟是三窟中艺术内容最丰富的，画了五个佛本生故事，这

275 窟
北凉

▲ 北凉，275 窟，本生故事画

五个故事的高潮分别是割肉、挖眼、施头、身燃千灯、身钉千钉。绘画场景的选择也正是这五个高潮，也即最惨烈的画面，这是种非常米开朗基罗的方式，就像他一定要把最后审判时获得肉身前的骷髅画出来。

275 窟令人感到异域、异样，从人物形象到叙事逻辑都是如此，而且画师应该就是胡人。北凉人信奉佛教，可能"一切皆是因果"的教义正配合着图像向幸存汉人解释屠城的原因吧。故事永远是最好的传播载体，从北凉开始，佛教成为敦煌主流，敦煌人的墓葬中开始出现佛教图像。战争是一种残酷又剧烈的文化交流方式，尽管北凉称得上血色时代，但开窟造像成为风气也是从这个时代开始的。西北因为地理原因，总是多文化交融的，275 窟中的西域式菩萨，悠然地戏坐在中式宫阙中，预示着莫高窟艺术汉化的开始。

② 完美的身体：大卫与205窟

　　米开朗基罗一辈子都在通过"战争"获得艺术的原动力。在"攻打"达·芬奇和拉斐尔之前，他选了一个已经去世的敌人练手——古罗马艺术，这也是文艺复兴时期每个艺术家的必修课。

　　当时美第奇家族和很多贵族都资助古代雕塑的挖掘，希望让在中世纪失传的美重见天日。因为和基督教教义不符，这些美丽的异教身体肯定不会出现在教堂，都放在自家私密的花园和房间。因为时代和地理关系，在欧洲出土的当然是古罗马作品居多。众所周知，古罗马人的艺术品位糟糕，最大的贡献就是复制了无数古希腊的作品，众多传说中的希腊杰作都只能从古罗马的粗糙复制品中雾里看花。因此，作为一个努力的天才，征服古罗马艺术真的是不在话下。

《酒神》，1496 年，米开朗基罗
早期作品

◀图为米开朗基罗的酒神，被收藏于当时银行家的院子里，酒神身边是其他出土的古罗马雕塑。

　　据说，米开朗基罗自制的仿古作品，骗过了当时挑剔的藏家——红衣主教拉斐尔·雷阿里奥（Raffaele Riario），他将前者的作品当成古罗马珍宝买下。即使后来被发现是赝品，红衣主教依旧叹其技艺高超，并要求米开朗基罗再雕一座《酒神》。先不管为什么一位红衣主教需要裸体的异教神，《酒神》这件雕塑一点都不米开朗基罗，我们找不到成堆的肌肉和痛苦，它更多地是一件前文提到的普拉克西特列斯式作品。酒神举杯扭胯，看起来既妖娆又快乐，甚至有点达·芬奇笔下萨莱的感觉，瓦萨利也说，这件作品将男青年的精悍与女性的丰腴结合得恰到好处。

　　1498年，另一位红衣主教让米开朗基罗为其未来的墓地造一座圣母痛子像，就像达·芬奇定义了所有人脑中《最后的晚餐》的样子，米开朗基罗定义了《圣母怜子》，影视剧中任何主人公在怀中牺牲的浪漫主义场景，几乎都有圣母怜子的味道。试想一下，成年的自己躺在老妈怀中，这个场景几乎令人无法直视，因而这个主题一直很难构图。但米开朗基罗缩小了成年的耶稣，并让圣母看起来非常年轻，使整个作品充满了流畅温柔的美感。

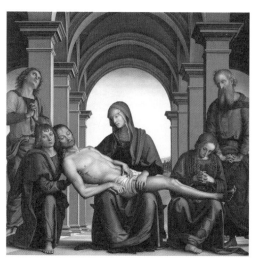

▲《圣母怜子》，佩鲁吉诺，1483—1493 年

▲《亚维农的圣母怜子》，15 世纪

▼《圣母怜子》，米开朗基罗，1499 年

▲《多尼圣母》，
米开朗基罗，约 1507 年

　　斗胆一提，《圣母怜子》有一股拉斐尔味儿。就像我们无法直视年轻时沉迷的 QQ 秀审美，米开朗基罗应该也无法忍受昔日作品的唯美。当然，我们还是要珍惜《圣母怜子》的美丽，毕竟几年后，米开朗基罗的圣母已经更像是健身决赛上的选手，用肱二头肌撑起了整个家族，身后还有一群酒神般的年轻异教神，象征着远去的非理性旧时代。米开朗基罗也的确告别了他那光滑美丽的青春时代作品，迎来了灵肉合一的英雄主义时代。

　　佛罗伦萨在 1187—1569 年间是共和国，但在美第奇家族时期，
一直是僭主统治的状态。劳伦佐·美第奇死后不久，共和政权上台，
急需一件纪念碑式的巨作，置放在市政厅门口的广场上，象征佛罗
伦萨人的勇气与胜利。米开朗基罗是在美第奇大院长大的，他得到
了这个诀别过去与成长的良机，并最终成就了《大卫》。

　　在创作《大卫》期间，米开朗基罗还做过一个青铜版本《大卫》，
如果不遗失的话，按收藏路径，它现在应该在法国，所幸卢浮宫中

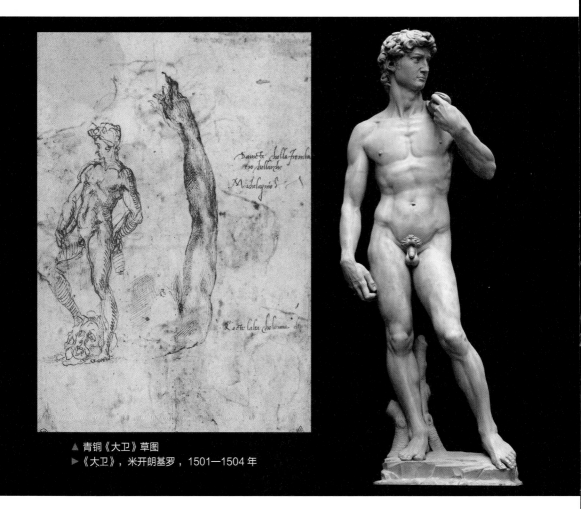

▲ 青铜《大卫》草图
▶《大卫》，米开朗基罗，1501—1504 年

藏有一张草图。上面的青年依然充满了美第奇式审美，和家族御用雕塑家多纳泰罗的《大卫》很像，也有几分波提切利笔下富二代的忧愁。如果达·芬奇看到这座《大卫》，可能反而会大加赞赏吧。但最终屹立在广场上的巨像是一位史诗级的英雄，不再低头耍帅，而是紧锁双眉，坚决地望向远方。

单看身体，《大卫》似乎继承了古希腊艺术的和谐，就像米开朗基罗年轻时那样。但加上巨大又青筋暴起的手、紧张的脖子、挑

米开朗基罗的《大卫》与《观景殿的阿波罗》的对比

衅的眼神，另有表面细腻的明暗处理，让雕塑和周围场域都拥有了巨大的能量——他似乎随时准备战胜任何人。达·芬奇对这座雕塑的嫌恶感应该就来源于此，《大卫》的存在感实在太强，因此他才会建议把雕塑放到教堂顶部，远离人群。瓦萨利说："他超越了任何古代或现代作品。"此话不假，如果把古希腊美男子——那位观景殿的阿波罗请来，我们就能发现古希腊雕塑是如此的了无生趣，很高贵，但真的太不动人。真正自信的人不需要太多装饰，在米开朗基罗的大卫身上，歌利亚的头颅、大宝剑、漂亮的鞋，都和衣服一起消失了。

▲《弓箭手正在向赫尔墨斯石柱射击》，米开朗基罗，1530 年

　　大卫是走出中世纪、重拾自信的终极表现，西方称霸世界也从那个时代开始。

　　大卫让人想起许多影视作品里的帅气主角。那么在敦煌，除了美丽的女相菩萨与帅大叔维摩诘，有没有帅气的青年英雄形象呢？

　　人像一直不是中国艺术的强项，商山四皓、睢阳五老、竹溪六逸、竹林七贤、饮中八仙、香山九老，这些古代偶像团体，在画面上看起来都有点老，还很醉。毕竟这才是以前的文人追求，觉得老年是生命的佳境。而且山水画中的人类又是那么渺小。以现在的审美看，这样的形象很难让年轻人产生代入感，更不会让人觉得"酷"，不像米开朗基罗的《弓箭手向赫尔墨斯石柱射击》（Archers Shooting at a Herm），看起来就像超级英雄影片的最终决战场景。

　　好在莫高窟有个很酷的窟——初唐开凿的 205 窟。洞窟是唐朝流行的覆斗形式，但穿过甬道，进入其中，就会感觉到一大堆人扑

面而来。205 窟甚至没有佛龛，里面的彩塑真的走了出来，屹立在中心佛坛上。在大多洞窟中，我们都能感受到"塑绘结合"，比如 45 窟的那尊胁侍菩萨身旁除了迦叶和天王，在龛内壁画上还画有两身饱满的菩萨。但在 205 窟里，彩塑是绝对的主角，占据了洞窟的大部分空间，而且真正成了可以三百六十度欣赏的圆雕，数量也不是流行的 7 身，而是 9 身，给人的感觉是整个洞窟成了一个龛。

我们曾经提过，45 窟的彩塑个个丰满完整，整窟有种藏不住的外放的能量。而如果将 45 窟比作太阳，那 205 窟就是夜晚的月亮，它带给人的感觉，神秘大过能量。

虽然 205 窟彩塑的排列和佛坛的阶梯好像在欢迎人们，但每个接近的人都会被吓得后退两步 —— 9 身彩塑的头部全部被破坏了。

前方胡跪着的供养菩萨的头部消失，两位天王的脑袋只剩一半，但其中一位还在露齿大笑，有点瘆人。这样针对性的破坏充满了人为的恶意，明显不是自然所为。

如果我们愿意振作起来继续观察，会发现两位弟子的彩塑非常不可思议，他们被破坏后的样貌和古希腊罗马式残缺不同。大理石很硬，但断裂破碎时会非常彻底。205窟的迦叶的头颅明显被重重敲过，但头中的木架依然笔直挺立着，脖子上紧绷的肌肉显得更有攻击性，露出的泥土与麦秸显现出生命力。古时的破坏者在看到这种情形后可能也会一惊吧，头部的缺失反而让迦叶坚韧的精神喷发出来。

有时，土比石头硬，不愧是头陀第一。

缺损彩塑加上昏暗的洞窟空间让很多人不忍直视205窟，被历史洗礼的205窟带有中式艺术中不太描绘的残忍。

▲ 阿难彩塑

▲ 迦叶彩塑

◀ 彩塑群中两尊天王像为中唐所造

205 窟　此菩萨为盛唐所造

▲ 左：《大卫》，米开朗基罗；中：205 窟菩萨彩塑；右：《持矛者》，古希腊

　　205 窟的主角在莲花座上安静地看着我们。这位胁侍菩萨虽然缺失手臂，脸部受损，通体黑色，但他似乎并不在意，用"游戏坐"的姿态面对一切。当中主尊佛像的结跏趺坐体现出庄严的仪式感，而游戏坐垂下的左腿，打破了对称，也让下裙的衣纹更有灵气，不经意间呈现出莲花的形状。看起来漫不经心，实则保持节制，我们从他的身材就看得出：总体精干，没有盛唐之丰满，颈上有三道，但看起来一点不胖。没有山林中名士的大腹便便，胸部与腹部有恰到好处的肌肉线条。

　　与米开朗基罗的写实和古希腊的几何数字化相比，205 窟的胁侍菩萨提供了"温柔的肌肉"这种可能性。并不是每个女生都喜欢浑身腱子肉的男生，不是吗？与施瓦辛格相比，姑娘们大概更愿和黎明交往。何况，在没有巡演和拍摄的时期，大多男星呈现的估计就是 205 窟胁侍的这种自然状态。205 窟的塑匠有超常的观察力和技巧，把不常见的完美身材比例化成现实。

　　只要和同时期的杰作——328 窟雕的彩塑相比，我们就能明白205 窟的这位是多么真实且大气。

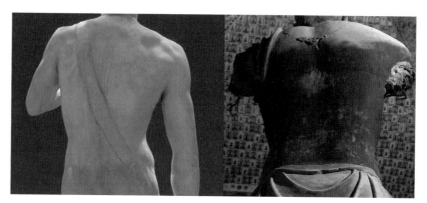

▲ 米开朗基罗的《大卫》与 205 窟菩萨背部对比

再看背部，肩部线条配上腰部微微扭动的肉感与脊椎的凹陷，再加上帅气的璎珞装饰，而缓缓流下的颜料则增加了彩塑表面的复杂性，一切都令人感到舒适，他的背部甚至比大卫的更生动。

唐朝一改六朝时的靡靡风气，文人大写边塞诗歌，投笔从戎，立功在外。205 窟的胁侍菩萨饱满的肉体散发出能文能武的气质，裸身搭配璎珞装饰，有点狂野。莫高窟晚期虽然经历了"佛像屡遭破坏，龛亦为沙所埋"，但这位胁侍菩萨却在黑夜中守望着一切，透过他被破坏的五官，依然能看到嘴角的微笑。在困难中前行，不正是人生的常态吗？千年后，我们不又发现他了吗？命运让这位胁侍菩萨几乎失去了所有神的特征，没有头光背光，没有高耸的发髻，垂肩的双耳几乎要掉落，但最终他"进化"成了一位充满神性的凡人，也留住了自己完美的肉身。

低调但锐利的性格让整个窟都看起来很酷，远处壁画上的一位持莲菩萨看起来都有摇滚乐手的感觉了。如果和大卫一起出演电影，大卫会是那个热血的主角，而 205 窟胁侍菩萨则更像最终的大boss。

③ 不止于艺术：西斯廷与弥勒巨像

达·芬奇的速写本上留下了胎盘、婴儿、五脏六腑，他想了解整个人体的运作方式；而米开朗基罗的解剖手记上只有肌肉，他只对肌肉和力量感兴趣。让米开朗基罗穿越到敦煌，他大概不会喜欢上在转型期出现的那些软萌可爱的菩萨和阿难彩塑。见到唐朝那些浑身肌肉的天王像，他估计也会嫌弃他们的比例不科学。但米开朗基罗可能会觉得隋朝 427 窟的彩塑不错，他们又大又震撼，这种效

427 窟　隋代

果是通过加大头部和上半身的比例来实现的。

让观众乍看真实但暗中夸张的手法，米开朗基罗早在《圣母痛子》和《大卫》上用过了，这两件作品让他声名赫赫。名誉和绝技都会让人上瘾，雕塑大师即将弃暗投明，光明正大地变形夸张。《大卫》作为灵肉合一的和谐正典，在米开朗基罗的人生中只是昙花一现。我们从一张卢浮宫藏的手稿就能看出端倪，胯和肩膀这边着墨很多，《大卫》以后，米开朗基罗的人物躯体将越来越厚重、扭曲。盯着《反抗的奴隶》和《胜利》的腰看，一堆叫不出名字的肌肉在野蛮生长，肌肉男之间也是有巨大区别的，这两座雕塑都没有雕眼中的虹膜，仿佛大师已经迷失了方向。

让米开朗基罗迷茫的正是教皇尤里乌斯二世本人，《反抗的奴隶》《胜利》就是前文提到要放在他坟墓上众多雕塑中的两件。这个从1505 年持续到 1542 年的项目被大师称为"耗费了所有青春"。这种艺术品商务合同的考验还算小，对大师来说最可怕的是教皇让他画

▲ 米开朗基罗的三件创作，从左至右分别为《反抗的奴隶》《胜利》和卢浮宫藏米开朗基罗手稿

▲ 米开朗基罗的两幅未完成的绘画作品

一整个天顶。这种坑人的迷惑行为在今天被美化成"跳出舒适圈"。早在青年时期，米开朗基罗就和绘画划清界限，在佛罗伦萨见到"三杰"中的另外两位后，在唇枪舌战之外，他心里应该很清楚，自己靠笔一定无法战胜那两位，只能靠榔头和凿子。1500 年左右，米开朗基罗尝试过两幅木版蛋彩画，但都烂尾了，而且只要放到拉斐尔的圣母旁边就会高低自现。

　　让雕塑家画 500 多平方米的天花板，就像要靠几千的月薪在上海买房那么绝望。教皇的权限比艺术家高太多，他可以开除一个人的教籍，这意味着剥夺你上天堂的可能性，或者说直接把你的世界化为活地狱。米开朗基罗很虔诚，只能乖乖开工，并愤愤地写下："他们把谁叫作画家？我？不不不！他们找错人了。"但一个艺术家只要创出杰作，他就有权限影响千秋万代的几乎每一个人，现在说到上帝，世上很多人脑中自动浮现出的不都是天顶上指着亚当的那位吗？

　　下面这幅太过熟悉的作品，几乎展现出了米开朗基罗内心的全

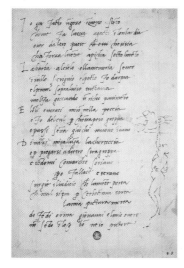

▲《创造亚当》，米开朗基罗，1511–1512 年
◀ 米开朗基罗画天顶时写的诗歌，右侧图像是自己在画天顶的漫画

部。无论亚当的小眼神多么渴望，都无法掩饰他腰部肌肉的横向野蛮生长，很明显，这是《大卫》之后的作品，米开朗基罗对男性身体的痴迷和热情已经藏不住了。这种热情的缘由也就在作品中，在米开朗基罗看来，上帝按自己的样子塑造了人类，无论人类的内心多么无可救药，起码外表和神一样，是完美的。所以追寻男人身体的极致表达就是接近上帝的旅程。那女性的身体呢？ 众所周知，大师笔下的女性很多都是由男性当身体模特。在《创造亚当》这幅作品中我们也能找到夏娃，有种说法是上帝左手边臂弯中的就是还未从亚当肋骨变出来的夏娃，她正狠狠地盯着未来的相公。在拉斐尔连画画都要美女陪伴的时候，米开朗基罗离女性差了一个上帝的距离，这点倒和达·芬奇一样，"三杰"中有俩都无法真正理解女性的美。

　　理解了米开朗基罗创作人体的逻辑后，我们会发现，他是如此的虔诚，天顶上每幅画的边缘都围绕着裸像（Ignudo），他们在构图上的作用就是让整体画面更立体，他们的加持让空间更有仪式感，这些裸像是沟通人间和天上的桥梁。这样的描述是否让人想到了天

▲ 达·芬奇洪水手稿

◀ 西斯廷天顶画中的
上帝创造太阳与星球场
景

▼米开朗基罗《最后的审判》中圣巴多罗买的形象。圣人手中的皮囊是米开朗基罗晚期的自画像。

▲ 西斯廷天顶画中的大洪水场景

使或飞天？他们是米开朗基罗独创的无翼天使，不画翅膀不是嫌烦，而是西方天使长着一双鸟儿的翅膀，鸟类和人相比太过低贱，会破坏神圣。连动物都不如的是自然，被亚当躺着的山坡像是塑料做的。也难怪热爱自然的达·芬奇和米开朗基罗处不来，达·芬奇小小的洪水手稿中有整个宇宙，西斯廷天顶上的大洪水里都是猛男。

　　古希腊人走进西斯廷教堂，肯定会把上帝认成他们的宙斯，也会想起他们在奥林匹克上用完美身体供奉宙斯的神圣场景，这种异教做法在 2000 年后复活了。艺术史中人体主题的最高潮潜伏在西斯廷教堂的最深处——在《最后的审判》中，画家用人体堆出了天堂和地狱。但大师的纠结在还在继续，他把自己画成一层圣人被割下的皮，至此，他对完美肉体的崇拜大概已经开始动摇了："什么时候我才能脱下这皮囊……不再为现在负荷的肉体而苦闷！"

　　米开朗基罗如此巨大的困惑和痛苦，已经不是静观一座微笑的

130 窟
盛唐

禅定佛像能解决的了。那么，何不用更当代更商品经济的方式来填补心灵的空缺呢？比如，遇见一个更大的欲望。

敦煌 130 窟足以吊起米开朗基罗的胃口——这座盛唐窟中有 26 米高的巨像。与其说这样的巨型弥勒佛像有建筑性，不如说他本身就是山的一部分。

米开朗基罗当然会对巨像感兴趣，大家还记得他鄙视绘画的雕塑家的人物设定吗？文艺复兴时期发掘的君士坦丁巨像残片（Colossus of Constantine），就被年事和权限都高的米开

▲《艺术家在巨像前绝望》，约翰·亨利希·菲斯利

▲《君士坦丁巨像》，古罗马时期

朗基罗放到了自己设计的保守宫（Palazzo dei Conservatori）中。日后的艺术家们都在这些巨大的残片前遥想古罗马的宏大。

在130窟中，想象力一点都不重要，眼前的场景已经占据了大脑的全部。

弥勒坐像比原高12米的君士坦丁大多了，米开朗基罗见到后，更可能联想到那传说中的古代七大奇迹之一——3米高的罗德岛巨像（Colossus of Rhodes）——造好54年就因地震倒塌了。用巨像表现一位泰坦族的神祇固然好，但雕塑和建筑一旦高大，就是和整个地球重力过不去。造罗德岛巨像的艺术家卡雷斯（Chares of Lindos）心中应该也明白，在大地上强行造起一个巨人不是什么千秋万代的选择，后人歌颂的多半是艺术家挑战不可能的勇气。但130窟的供养人和工匠们一定非常确定他们的杰作将战胜时间，获得永恒。战胜自然的方式就是成为自然的一部分，弥勒巨像就是凿山而成的，这么多年来，窟外沧海桑田，窟内的他稳稳当当、面带微笑地坐着。

在封闭的室内看到巨像也是一种前所未有的独特体验。到了现代，钢架结构让埃菲尔铁塔和自由女神屹立于苍穹之下，但正因为在苍穹下，她们看起来也并不是太高。而在130窟这个大像窟中，弥勒塑像撑满了整个空间，巨型雕塑改变了室内有限的空间，比巨

型壁画更震撼，这是普通电影和 IMAX 电影的区别。巨像身边两铺
15 米的胁侍菩萨壁画比整幅《最后的审判》都高。虽然 130 窟的弥
勒大佛基本保存温柔的唐朝风貌，但一个人走进 130 窟时可能依然
会腿软。高调的红色九层楼已经在提醒你里面有巨大的惊喜，130 窟
外观的朴素反衬了内部的华丽。如果一位好事的讲解员想要震撼第
一次来莫高窟的观众，只需在进窟的路上随意聊聊李隆基的八卦，
然后不动声色地开窟……除了慈悲和爱，宗教最有力的传播方式也
可以是震慑观者，把形象永远印在信徒的脑中。

▼ 罗德岛巨像假想图

254窟 北魏
《降魔变》

❹ 彼岸的世界：《降魔变》与《最后的审判》

敦煌不只有微笑的菩萨一种叙事，也有力量与狂喜，集大成者就是 254 窟。

走进 254 窟，有种登上《美杜莎之筏》的心惊胆战，因为乍看之下整个洞窟几乎是暗色系的，只有主尊彩塑和下方的金刚力士处留存着暗红色。这些信息告诉我们：这是一个莫高窟早期的北魏洞窟。在灯光的照耀下，黑暗中闪耀着石青和青金石的蓝色，勾起观众强烈的好奇心。

当时的信众进入窟中，首先会礼拜中心塔柱上的主尊佛像。一般来说，主尊的背光和火焰纹中总会带点红色，但 254 窟龛内火焰纹的白、蓝、紫三色给人带来超现实的精神性，并形成轻快的节奏，主尊脸部留存的金箔让神秘感倍增。

接着信众就会从塔柱左方开始饶塔观像。

在西斯廷天顶中，米开朗基罗没有按圣经故事的顺序画天顶，观众进门抬头看到的头两幅就是《诺亚醉酒》和《大洪水》，表明了脆弱的人性和上帝的惩罚。走到西斯廷内部，《最后的审判》中离我们最近的是坟地、魔鬼和地狱。这种叙事就像许多电影开场就是末日废墟的场景，提醒观众沉下心来。

254 窟中，信徒们左转看到的第一幅壁画里就跃动着黑压压一大片恶魔，这是整个莫高窟里最好的《降魔变》，表现的是释迦摩尼在菩提树下证悟前遭到魔王波旬大军攻击与诱惑的关键场面。说这幅画好是因为画面中的魑魅魍魉很精彩，就像游戏里的敌人和 boss 的设定。

　　我们先来看画面左侧的一部分，中间三位魔众好像被四周黑色框子所衬托出来，整体一蓝、一红、一白，一人、一魔、一羊。左边的士兵头戴盔甲，铠甲酷似时尚到让人串戏的连身条纹衫。很明显，他是三人中智力最高的，似乎已经预见了战事走向，把宝剑撑在地上，静静地看着大家。当中的"小红"梳着莫西干头，一股北斗神拳里的杂兵味，张着他巨大的红唇，挥舞着非常适合他的武器——大锤。可能是偏见作祟，用锤的人智力设定普遍不高，小红似乎惊讶地看到了溃败的同伴，眼球就要弹出去，顺便带出两条抬头纹。肚子上的另一张脸早就放弃进攻了，满脸委屈。最右边持矛的羊头怪似乎对自己的外表非常在意，穿着考究，牙齿非常"美加净"，每天早上刷牙的时候可能也会刷刷他雪白又漂亮的弯角吧。讲真，他们可以出道当三人组谐星了，羊头和莫西干头装傻，士兵吐槽。谁能最早爆红？肯定是人设最浓厚的小红啊。

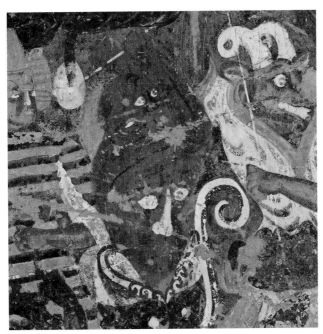

◀ 254 窟《降魔变》
中的妖魔形象

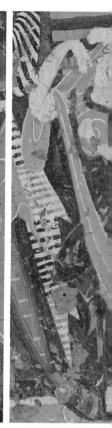

▲ 254 窟《降魔变》中的魔女形象

　　再细看四周，黑色的"画框"细看是乱舞的妖魔，三人组的正下方还有女性三人组，她们就是魔王家闺女。很明显，依然是 C 位的最美，正如经书上写的，她为了诱惑释迦摩尼而"张眼弄睛，言口并笑"，还非常有服务精神地眯眼瞥向观众，似乎在提醒我们，"腮帮疼"拍照法很早就有了。这古代版的卡戴珊三姐妹的服装设定是统一中带点不同，从左至右绿色增多，体现出了经书上"举衣前行"的描述，有种在向着佛祖走去的韵律感。而且很明显，那时的审美和盛唐截然相反，她们瘦得似乎穿着束腰。此类人间女性形象，在

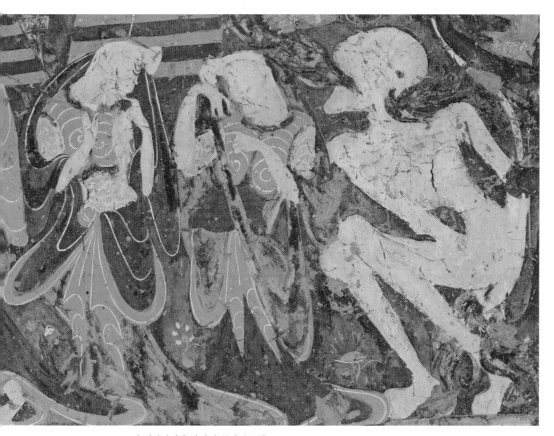

▲ 254 窟《降魔变》中变老的魔女形象

北魏时期有挺多，比如 257 窟《鹿王本生》中的王后。

　　三人组的设定、黑色背景、经书上的描述和强烈的异域感，定会让这支 254 窟的女团人气倍增。印度丰乳肥臀的艺术形象表达，在佛教于丝路上向东传播的过程中，由露骨直白逐渐变得含蓄抽象，敦煌北魏艺术家选择了漩涡这个符号，来表示胸部。显然，三人组的诱惑对已经成佛的前王子无效，他向魔女展现了岁月因缘，这段小插曲的结局就在右方，女团成了奶奶团，仿佛在表达着偶像人气的转瞬即逝。夕日偶像的右边还多出来一具骷髅，如果在西方油画中看到骷

髅，那基本就是隐喻
了"凡人皆有一死"
（Memento mori） 的
虚 空 画（vanitas）。
用世俗眼光来看，此
画中的骷髅即表达三
人组凄惨的结局，让
年轻时在黑暗中绽放
的她们有一种昙花一
现的可怜。

　　总体来看，左右
两边魔众的动势，都
向佛陀攻去，蓝黑的
配色也基本形成了箭
头的形状。这群赤裸
的魔物，伴着大魄力

▲《最后的审判》局部

构图和颜色对比的律动，透出一种原始、非理性的力量和魅力。总
有些时候，等回过神来，发现自己在贪嗔痴里玩得很快乐，幸好，
在迷失前，看到了中间构图稳定、不为诱惑所动的佛陀。

　　254 窟《降魔变》中魔鬼的设定比《最后的审判》丰富很多，
这主要是因为米开朗基罗笔下恶魔的本质依然是腿粗如柱、壮成方
块的肌肉男，再无奈地加上驴耳、山羊角等装饰。对人体的执着是
种束缚，但也正因为对身体执着，《最后的审判》中近 400 人展现
了一切的姿势，我们甚至很难摆出画面上不存在的肢体动作。西斯
廷壁画是日后无数艺术家的模仿对象和灵感宝库，卢浮宫就藏有大
量临摹手稿。很多著名作品都真伪难辨，因为有太多后人临摹，其

▲ 米开朗基罗《最后的审判》中的无翼天使形象

中也不乏鲁本斯这种真正的高手。丛林法则也存在于基督教圣地，《最后的审判》的位置，原先是拉斐尔老师佩鲁吉诺画的巨作，但没人会感到惋惜和抱歉，更多的是感谢，感谢佩鲁吉诺的"无私奉献"。

　　敦煌经变画中，乐队的演奏让众人听着"其心柔软"。《最后的审判》中，无翼天使们吹响号角，众人从墓中复苏，等待审判。再临人间的耶稣的右手边是善人，左手下方是恶人，正如《创造亚当》中上帝伸出右手，亚当伸出左手。整幅画面好像形成了一个循环，从左边墓地升起，落到右边地狱，人类在米开朗基罗的作品中难寻救赎，怪不得拉斐尔在三十年前就把这位大师画成了苦思冥想的赫拉克利特，可谓最了解他的人了。

　　三百多年后，有一位同样喜欢但丁《神曲》的大雕塑家更加直接，终其一生创作了《地狱之门》，那个雕塑家叫罗丹，他的思考者就坐在下图中的地狱门门口。

▲《地狱之门》，罗丹

▲ 西斯廷教堂中的耶稣受难像

▲ 248 窟北魏苦修像，苦修像表现了释迦摩尼出家后苦修六年无果的场景

天天贪嗔痴，周周七宗罪，人类总是轻易受到欲望的驱使。自觉和觉他都太难，在《最后的审判》前方，立着十字架苦相，鲜血从圣痕中流下；在248窟的西侧，坐着释迦的苦修像，这时的他还没成佛，嘴角也没有微笑。

如果米开朗基罗来到敦煌，最适合他的事情可能是和乐僔一样，在崖壁上开凿一个空无一物的洞窟，禅坐其中。在254窟里有一幅至今主题成谜的作品，其中有一位正在修行的胡人，面容险峻，这可能也可以作为米开朗基罗的"本生故事"吧。

▲ 米开朗基罗肖像

▶ 254窟壁画中修行的胡僧

⑤ 痛苦与觉醒：垂死的奴隶与舍身饲虎

耗费了米开朗基罗快 30 年时光的尤里乌斯二世墓，本来应该有 40 尊雕塑，其中近一半都是奴隶，象征着不悔改的人类灵魂遭到束缚。

天才＋困苦＝好艺术。

米开朗基罗在自己作品遭到权力玩弄时感到屈辱，把抑郁和愤怒都发泄在了留存至今的 6 座奴隶像上。其中，4 座是未完成的作品，就放在《大卫》像的前方。对当代人来说，艺术"未完成"早已不是丑闻，而是成了艺术家自由意志的表现和观众的视觉高潮。纽约大都会博物馆 2016 年办过一个取名为"未完成（unfinished）"的展。精致的完成部分和粗糙的过程部分混搭在一起，产生了不可思议的魅力，现在这种感觉被称为"反差萌"。展厅中的古代作品件件闪耀着当代的光芒，艺术家最私密的创作过程就赤裸裸地展现在我们眼前。

四尊奴隶的未完成部分反而让我们能够真切感到米开朗基罗的工作方式，我们甚至能从敲打痕迹上感到他凿子的愤怒。他正往冰冷的石头中注入灵魂，这也是艺术家最接近造物主的时刻，未完成作品就是凝固了这一奇迹的瞬间。

每个都市人都能读懂他们，周一起床的时候就像《苏醒的奴隶》，肩上感到压力时如同《阿特拉斯》，《年轻的奴隶》就像踌躇满志但无上升空间的"我们"。《蓄须的老奴隶》还需要解释吗？明明是自由之身，但总感觉有什么在把我们往下拽。米开朗基罗也有类

▲ 丢勒的《救世主像》

▲ 从左往右依次为：《年轻的奴隶》《阿特拉斯》《苏醒的奴隶》《蓄须
的老奴隶》

▲ 254窟《舍身饲虎》

似但更深沉的体验："我生活在罪里，活着，只是在慢慢死去……在罪里活着，我已失去意志。"大卫是那样灵肉合一，正如盛唐那么短暂。如果我们信仰自由意志，那么肉体就是心灵的奴隶；如果眷恋自己的肉体，那肉身又开始奴役心灵。正如减肥和自由是可以让人倾尽所有的世界性信仰，但靠自由意志减肥还是难于上青天。

254窟中，紧挨着前文介绍的《降魔变》的右边，有一幅乍看不知重点在哪里的画。但以前北魏的人不会有这样的困扰，他们熟知佛经，便能解读壁画上的剧情。故事从中间的三位王子开始讲起，最中间的王子是唯一身穿长袍且有蓝色头光的，他无疑就是主人公了。故事中，三位王子在山中游玩，图中的他们也都被山环绕。

同时期九色鹿的故事也发生在山林中，那时中国尚未兴起以山为主角的山水画，山的描绘都类似顾恺之的《洛神赋图》，很小很

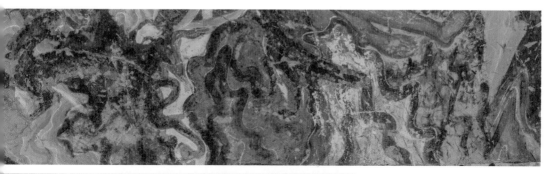

▲ 254 窟，画面中的山
◀ 275 窟，《九色鹿》中的山
▼ 凡·高晚期作品中的山

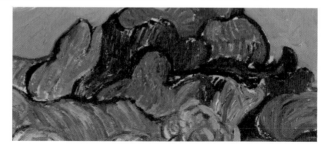

抽象。和《九色鹿》中的山相比，254 窟中这幅画的山的图像充满精神性、狂乱混沌、塞满空间，类似凡·高晚期的笔触。

在这个故事中，三位王子见到了一只母老虎，她刚生了 7 只小老虎，无法猎食，非常虚弱。母虎再不进食，就会发生人们最不想看到的一幕——她将吃了自己的孩子。正如两位王兄扭捏的身体语言所表达的那样，他们心生怜悯，再无其他，就像我们在屏幕中见到可怜之事那样。只有中间的萨埵王子挺直了身板，高举右手。在佛教故事中，猎杀其他动物给虎吃很明显是不可能出现的，萨埵决

▲《舞蹈 》，亨利·马蒂斯，1910 年
▼ 254 窟《舍身饲虎》画面

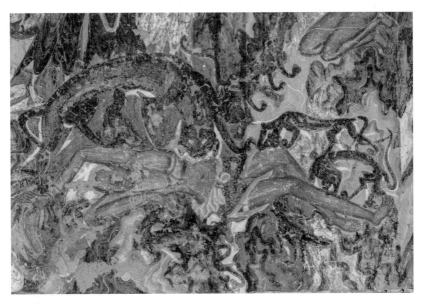

定献出难舍的肉身，躺在了老虎面前，但老虎竟因过于虚弱无力下口。现实中大多故事都止步于此："我已经帮过你，是你自己接不住（多谢你让我证明自己是个好人）。"但壁画中的故事才刚达到高潮。

图像延展到三人的右方，萨埵爬上漆黑耸立的山崖，褪去象征世俗与繁华的衣物和头冠，跪了下来，举起左手，右手拿起竹枝，刺向自己的脖子，从图中隐约能见到鲜血流下。趁自己尚能控制自己身体之时，萨埵一跃而下。大多描绘舍身取义的作品中，都会画出一跃而下的瞬间，但在 254 窟中，处于时间轴上不同位置的主角同时出现在了同一空间，未来的萨埵注视着刺颈的自己，反之亦然。这种表达形式让故事中做选择与承担结果的两个"萨埵"在画面中形成了闭环。两个"萨埵"人体都非常有力，笔力粗犷，让人想起马蒂斯的《舞蹈》。马蒂斯野兽派的舞蹈，给当时工业时代的人们带去了原始野性的呼唤与快乐，还被放在俄罗斯巨富的家中。但 254 窟的艺术家却用充满原始力量的画风表达了舍去所有欲望的精神能量。

一跃而下的动势最终把我们引向了画面下方，也就是整幅画面里最大的一个场景。老虎舔食鲜血后恢复了体力，开始了他们最原始的活动、进食。

《舍身饲虎》的图像在世界各地都有流传，莫高窟内也有几幅。八只老虎吃人的场景，很容易就会被画成恐怖的 B 级片，或者是充满恶意的漫画，让人无法直视，即使看了也无法唤起任何有益的思想。在如有生命的山峦中，几匹黑虎把自己的虎躯极力弓起，这画面已不像是进食，而是如同在进行某种仪式。底下三只小虎更像托举着萨埵，仿佛它们知道眼前肉身的可贵。萨埵完全没有平躺，他的四肢手足和身体也全都有节制地弓起，任由肉体的痛苦渗透全身。本应残忍的画面充满了尊严与仪式感，让观者肃然起敬。物极必反，乐极生悲，是刻在我们灵魂深处的思维模式，但不知道悲极能生乐吗？

▲ 左一:《被缚的奴隶》;左二、右一:254 窟《舍身饲虎》;右二:《垂死的奴隶》

只要把卢浮宫中《垂死的奴隶》与 254 窟舍身的萨埵放在一起,就会发现两人姿势极其相似。萨埵的脸部已经模糊,但可以想象他平静的表情。而那垂死的奴隶虽然已走到生命尽头,脸上却充满了愉悦的神情。他弯曲在头后的左手,在古代雕塑中是表达痛苦的代表动作,比如《拉奥孔》,但放在这样的肉体和表情上,感觉是在摸着后脑勺卖萌。抚摸自己的右手和左手形成了一个类似萨埵刺颈和跳崖的闭环,这位漂亮的奴隶已经沉浸在自我之中。原因我们也大致明白,每日的挣扎太过痛苦,只要看他身边《被缚的奴隶》就能知道,他可能已经看着远方做出决定,因为能求得解脱而显得自然而顺从。萨埵跳崖的瞬间,画面上的背景竟用了美丽的蓝色。米开朗基罗在诗歌中写道:"我羡慕那些死去的罪人,我的灵魂在肉体的纠缠的恐怖中生活。"

◀ 米开朗基罗晚期《耶稣受难》手稿

大师战斗了一辈子，达·芬奇和拉斐尔离去时他一定扼腕痛惜，因为只剩下他自己和自己斗了，而且命运让这位纠结的人很是长寿。晚年，他画了一系列十字架苦相，其中一幅收藏在卢浮宫。在这幅画中，坚持了一辈子的对身体与肌肉的信仰早已不见，只剩下纯粹的精神性。

"我曾经抱着愚痴的幻象，醉心于艺术，如同崇拜伟大的君王，好在现在我已经明了，那不过都是谎言"，"绘画与雕塑已经无法再安抚我的灵魂，我的灵魂专注着十字架上爱的神祇，展开双臂，把我们拥抱得更紧"。

在254窟萨埵左臂的上方，有一只正在喝奶的小虎，它的尾巴温柔地奄拉在萨埵身上，眼神似乎看着上方另一时空中高举右手的王子。还有一只小虎没有进食，而是走向了山崖上的萨埵。我们就像这两只小虎，对这些为某种崇高事业献出一生的人充满尊敬与憧

▲ 左：254 窟《舍身饲虎》画面左侧抱着萨埵的母亲；右：米开朗基罗最后一尊《圣母怜子》

憬。敦煌研究院第一任院长常书鸿，在中国最艰难的岁月里从法国
来到莫高窟，听说他第一幅临摹的作品就是 254 窟的《舍身饲虎》。
这让人不禁联想到，萨埵饲虎时当然不知位于画面左边的其父母和
兄长的恸哭，那些敦煌的守护人们在选择这份使命时也或多或少割
舍了俗世的幸福。

　　在竞争激烈、快速迭代的今天，西方的富豪们为了摆脱内卷，
都争先恐后地想飞上太空，超越那达·芬奇手稿上古老的梦。

　　但有时，舍身饲虎式的勇气与奉献，也未尝不是找到人生意义
的深沉一跃，看着 254 窟，内心就会奇迹般地平静下来。

后记

▲ 敦煌市中心的飞天像，原作为敦煌研究院第一位雕塑家孙纪元老师创作。

在我们生活的都市里，很难看见敦煌。

走在上海的外滩，万国建筑群的柱子、拱券和穹顶都彰显了古希腊、古罗马文明以来那"单纯的崇高，静穆的伟大"。对面浦东那些高耸入云的现代主义建筑中，整洁的办公室被日光灯照得整夜通明，为熬夜加班的人们增添了荣耀的仪式感。

见不到敦煌，自然谈不上感动或共鸣。

在佛罗伦萨，立着骄傲的大卫，文艺复兴对人的自信跃然眼前；在东京，立着 1:1 的高达，预示着人类终将失去身体，靠机器来完成不知是否还存在的"自我"；而在敦煌市中心，则立着孙纪元老师的"反弹琵琶"，这是唐朝盛景最棒的当代诠释。

当敦煌遇见卢浮宫，敦煌有不输卢浮宫的艺术杰作，但可见程度和"再创作数据量"还有待我们一起努力。众多的学术研究正在进行，我们也需要更多的敦煌当代再创作，比如文学、美术、游戏、动漫。因为在这个图像强势的视觉时代，传统文化如何触达和吸引人们变得尤其重要。

一生可能去不了几次敦煌，大多时间都是在城市遥望。

但只要去过敦煌，用心看过，哪怕在拥挤的通勤路上，也能笃定自在，成为一个心有敦煌的人。

图书在版编目（CIP）数据

敦煌遇见卢浮宫 / 罗依尔著. -- 上海 : 上海交通
大学出版社, 2023.3
ISBN 978-7-313-27177-8

Ⅰ. ①敦… Ⅱ. ①罗… Ⅲ. ①敦煌石窟－介绍②博物
馆－介绍－巴黎 Ⅳ. ①K879.21②G269.565

中国版本图书馆CIP数据核字（2022）第135943号

敦煌遇见卢浮宫
DUNHUANG YUJIAN LUFUGONG

著　　著: 罗依尔
出版发行: 上海交通大学出版社
邮政编码: 200030
印　　制: 苏州市越洋印刷有限公司
开　　本: 710mm×1000 mm　1/16
字　　数: 92千字
版　　次: 2023年3月第1版
书　　号: ISBN 978-7-313-27177-8
定　　价: 118.00元

地　　址: 上海市番禺路951号
电　　话: 021-64071208
经　　销: 全国新华书店
印　　张: 15.25

印　　次: 2023年3月第1次印刷